문해력 평정
천하통일
삼국지
❷ 영웅은 영웅을 알아보는 법

**문해력 평정
천하통일
삼국지**

❷ 영웅은 영웅을 알아보는 법

초판 1쇄 인쇄 2024년 7월 8일
초판 1쇄 발행 2024년 7월 12일

원작 | 나관중
글 | 서지원
그림 | 송진욱
펴낸이 | 한순 이희섭
펴낸곳 | (주)도서출판 나무생각
편집 | 양미애 백모란
디자인 | 박민선
마케팅 | 이재석
출판등록 | 1999년 8월 19일 제1999-000112호
주소 | 서울특별시 마포구 월드컵로 70-4(서교동) 1F
전화 | 02)334-3339, 3308, 3361
팩스 | 02)334-3318
이메일 | book@namubook.co.kr
홈페이지 | www.namubook.co.kr
블로그 | blog.naver.com/tree3339

ISBN 979-11-6218-306-9 74820
ISBN 979-11-6218-304-5 74820(세트)

값은 뒤표지에 있습니다.
잘못된 책은 바꿔 드립니다.

*종이에 베이거나 긁히지 않도록 조심하세요.
*책 모서리가 날카로우니 던지거나 떨어뜨리지 마세요. (사용연령: 8세 이상)
*KC마크는 이 제품이 공통안전기준에 적합하였음을 의미합니다.

나관중 원작 | 서지원 글 | 송진욱 그림

문해력 평정
천하통일 삼국지

❷ 영웅은 영웅을 알아보는 법

차례

제7장

손견의 죽음 7

제8장

초선에게 반한 여포와 동탁 25

제9장

조조, 여포와 싸우다 45

제10장
황제를 손아귀에 넣은 조조 81

제11장
원술을 속인 손책 97

제12장
여포의 꾀 109

제13장
스스로 황제가 된 원술 125

문해력 꼭꼭 134

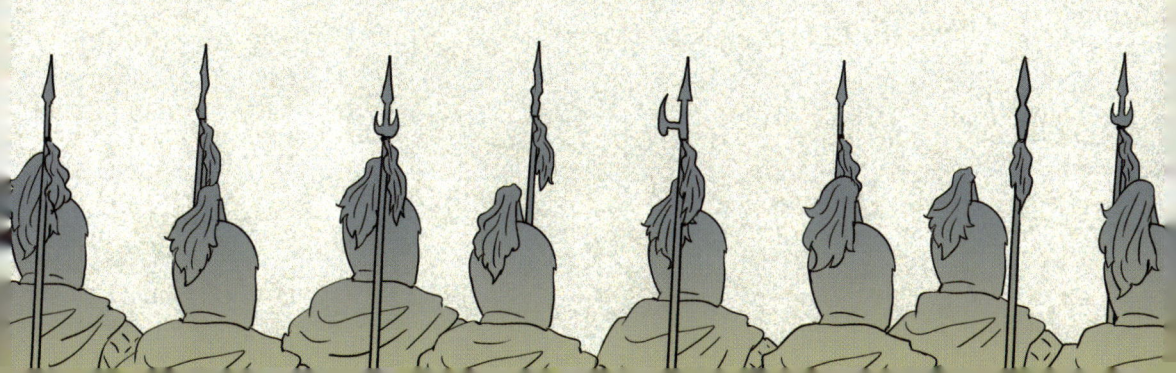

제7장

손견의 죽음

"원소 이놈! 내 동생을 죽이다니! 내가 오늘은 반드시 동생의 원수를 갚으리라!"

공손찬은 기주성을 향해 총공격을 외쳤어.

두두두두, 두두두두두!

창과 칼을 든 공손찬의 기마 부대가 말을 몰고 빠르게 달려갔어.

"활을 쏘아라!"

원소가 명령을 내리자, 기주성에서 소나기처럼 화살이 새카맣게 날아왔어. 거기에 더해 뒤쪽에 매복해 있던 또 다른 원소 군도 공손찬 군을 공격하기 시작했어.

공손찬 군은 꼼짝없이 포위가 되어 버렸지. 그야말로 절체절명의 순간이었어.

바로 그때였어.

"비켜라, 이놈들아! 장비가 나가신다!"

"내가 바로 관우다!"

"조자룡의 창 맛을 보여 주마!"

관우와 장비가 군대를 이끌고 달려왔어. 여기에 후방에 있던 조운까지 가세했어. 이들은 원소의 군사들 사이를 제집 드나들듯이 마구 휘젓고 다녔지.

동에 번쩍 서에 번쩍, 세 영웅이 등장하자, 원소 군은 겁을 집어먹고 도망치기 시작했어.

"퇴각하라! 저자들을 당해 낼 수가 없다!"

원소 군은 기주성 안으로 모두 달아나 버렸어.

"와아, 와아아아!"

궁지에 몰렸던 공손찬 군은 세 영웅과 조운의 활약으로 승리의 환호성을 질렀지. 공손찬은 유비와 관우, 장비 세 형제에게 감사의 인사를 올렸어.

이후, 원소는 기주성에 틀어박혀 도무지 싸우려고 하지 않아, 공손찬 군과 원소 군은 그렇게 서로 대치한 채 싸움 없이 한 달을 보냈어.

공손찬 군도 지치고, 원소 군도 지쳤어. 더 대치할 수도, 더 싸울 수도 없을 지경이었지. 그래서 일단 싸움 없이 물러나기로 했어. 원소는 도움을 청했던 기주를 차지해 눌러앉았고, 공손찬은 자기 땅인 북평으로 떠날 준비를 했어.

"현덕 아우, 형제들과 달려와 도와줘서 정말 고맙네. 이렇게 또 작별해야 하지만 다음에 반드시 만나 어지러운 세상을 평화롭게 만드세."

조운은 공손찬을 따라 떠나면서 유비에게 인사했어.

"저는 유 공을 따르기로 결심했습니다. 그러니 훗날 반드시 저를 불러 주십시오."

"고맙습니다. 우리가 함께할 날이 반드시 올 것입니다."

유비는 순수하고 열정적인 조운의 손을 잡고 다시 만날 날을 기약했어.

유비는 다른 장수들처럼 무예가 뛰어난 사람이 아니야. 가진 것도 없고, 군사도 없고, 땅도 없고, 힘도 없어. 영웅이라고 하기에는 별 볼 일 없지. 동생들과 목숨을 걸고 싸워 황건적을 물리치는 큰 공을 세웠지만, 알아주는 사람도 없었어. 그런데도 유비는 불평 한번 하지 않았어.

다른 사람이라면 위기에 빠졌을 때 도와줬으니, 재산이나 군사, 땅이나 성 하나쯤 달라고 했을 거야. 그런데 유비는 손을 내밀지 않았어. 보통 사람의 눈으로 보면, 유비는 참 이해할 수 없는 성격이었지.

유비를 형님으로 깍듯하게 모시는 관우와 장비도 마찬가지였어. 관우와 장비 정도의 무예 실력이면 누구라도 부하로 두고 싶어 할 거야. 관우나 장비가 세력이 큰 제후를 찾아갔다면 높은 장군 자리를 내줄 테고, 그러면 돈과 권력을 휘두르며 평생 떵떵거리며 살 수 있어. 그럼에도 두 사람은 가진 것 없는 유비의 곁을 떠나지 않고 고생스럽게 지냈어. 보통 사람의 눈으로 보면, 정말 답답하고 한심한 삼 형제가 아닐 수 없어.

여기에 이해할 수 없는 사람이 또 한 명 있어. 바로 조운이야. 조운은 큰 군사와 재산을 가진 공손찬을 버리고, 힘없고 가난한 유비를 따르겠다고 했어.

관우와 장비 그리고 조운의 공통점은 뭘까? 바로 진짜 영웅을 알아보는 눈을 가졌다는 거야. 영웅은 영웅을 알아본다는 말이 있어. 조운은 유비가 사람들을 대하는 태도를 보고 생각했어.

'아, 저 사람은 진짜 영웅이다. 자기 욕심만 채우려는 가짜 영웅이 아니라, 자신을 희생하더라도 어지러운 세상에 사는 불쌍한 백성을 위해 목숨을 바칠 훌륭한 영웅이다.'

유비의 훌륭함을 알아본 거야. 힘없는 장수 밑에서 싸우면 죽을 확률이 그만큼 높지. 그러나 조운은 그걸 잘 알면서도 유비를 선택한 거야.

하지만 유비는 조운을 받아 줄 수 없었어. 왜냐고?

유비도 조운과 함께하면 얼마나 든든하겠어? 하지만 유비는 자기가 지금 힘이 없고 가진 게 없어서 조운에게 미안했던 거야. 또 공손찬에게도 미안했겠지. 유비는 그런 사람이었어.

자기가 피해를 볼지언정 다른 사람에게는 피해를 주고 싶지 않은 사람, 자기보다 상대방의 마음을 더 먼저 생각하는 사람, 늘 자기를 낮추고 상대를 높이는 사람, 자기 능력을 뽐내지 않는 사람. 이런 사람은 굳이 스스로 드러내지 않아도 다른 사람이 알아서 진가를 알아보고 저절로 찾아오는 거야.

다른 사람 것을 빼앗지 않으면 내 것을 빼앗기는 세상, 다른 사람을 죽이지 않으면 내 목숨이 위험해지는 어지러운 세상에서 신념을 지키고 살면서, 나보다 다른 사람을 위한다는 것은 정말 대단한 거야. 힘센 자, 세력이 큰 자, 부유한 자, 강한 자가 영웅이 아니라, 이런 사람이 진짜 영웅이지. 진짜 영웅인 유비를 만난 장비와 관우, 조운은 그래서 가슴이 뜨겁게 뛰었던 거야.

진짜 영웅이 있다면 가짜 영웅도 있지.

동탁을 처단하기 위해 모인 연합군의 총대장을 맡았던 원소와 사촌 동생 원술*이 그런 사람 중 하나지.

원씨 가문은 증조할아버지, 할아버지, 아버지까지 최고의 관직인 정승을 지냈어. 이런 명문가에서 태어난 원소는 대대로 이어 내려오는 부와 권력과 세력이 어마어마했지.

황하 북쪽에 자리 잡은 기주는 땅이 매우 비옥한 덕분에 식량이 풍부해. 원래 기주는 한복이 다스리는 땅이었지. 그런데 원소가 군사를 끌고 가서 한복을 몰아내고 완전히 자기 땅으로 만들었어. 이 소식을 들은 원소의 사촌 동생 원술은 귀를 쫑긋했어.

원술은 원소와 함께 동탁을 몰아내기 위해 군사를 이끌고 출격했다가,

★ 원소의 사촌 동생. 원소와 함께 조조를 도와 동탁을 공격할 계획이었지만, 나중에 남양으로 달아났다.

동탁을 지키는 여포에게 계속 패해서 쫓기고 말았지.

원술은 남양이라는 지역으로 군사들을 끌고 도망쳤어. 그러다가 남양 땅을 빼앗고 주인 행세를 하며 백성들을 착취해 흥청망청 놀며 살았어. 날이면 날마다 잔치를 벌이고 술을 퍼마셨지. 그러다 보니 군사들이 먹을 식량이 부족해지고 말았지 뭐야.

이럴 때 원소의 소식이 원술에게 전해진 거야.

"그러니까 원소 형이 기주를 차지했단 말이지? 기주에는 식량이 넘쳐난다고 하지 않았나?"

"땅이 기름지고 좋으니, 농사가 잘되는 곳이라 합니다."

원술은 남이 잘되는 걸 샘하고 미워하는 성격이야. 마음이 비틀어진 나쁜 자였지.

"오호라, 죽으라는 법은 없군. 형에게 말 1천 필과 쌀 2만 석을 달라고 해야겠군."

원술은 원소에게 편지를 보내 부탁했어.

원소는 곳간이 넉넉해 말 1천 필과 쌀 2만 석 정도는 얼마든지 내줄 수 있었어. 남도 아니고 전쟁에서 함께 싸웠던 가까운 사촌 동생이 부탁한 거잖아. 게다가 원소는 어릴 때 큰집에 양자로 보내져서 사촌이 된 거지, 사실 원소와 원술은 아버지가 같은 배다른 형제였어.

"뭐라고? 내게 말과 쌀을 달라고? 언제까지 갚겠다는 것도 아니고 그냥 달라고?"

　원소는 원술의 부탁을 단호하게 거절해 버렸지. 원술의 요구를 들어주면 나중에 점점 더 큰 요구를 할 거라 생각했던 거야.

　"형이 나한테 이럴 수 있어?"

　원소에게 완전히 무시당한 원술은 다급해졌어. 식량이 부족해서 군사들의 밥을 굶기면 반란을 일으킬 수도 있단 말이지.

　원술은 이번에는 형주 태수 유표*에게 편지를 보냈어. 유표는 형주를

★ 형주의 태수. 한나라의 황족으로 유비와도 먼 친척 사이다. 나중에 유비와 서로 도움을 주고받는다.

다스리는 태수야. 원술은 유표에게 식량 2만 석을 보내 달라고 도움을 청했지. 하지만 유표 역시 원술의 부탁을 거절했어.

"원술 같은 자를 도울 수는 없다."

원소처럼 원술을 믿을 수 없는 건 마찬가지였지. 원술이 매일 술판을 벌이고 제멋대로 군다는 소문이 형주까지 퍼진 상태였거든.

"흥, 원소 형도 그렇고 유표도 그렇고 나를 도와줄 생각이 없나 보군! 이놈, 어디 두고 보자."

화가 난 원술은 머리를 굴렸어. 유표를 가만둘 수 없겠다고 생각한 거야.

원술은 유표를 위험에 빠트리려고 일부러 손견*에게 거짓 편지를 보냈어.

> 손 장군! 장군에게 귀한 정보를 하나 주려 하오.
> 내가 얼마 전에 형주 태수 유표를 만났는데
> 그가 남몰래 군사를 움직이려 하고 있었소.
> 바로 손 장군을 공격하기 위해 준비하는 중이라 하오.
> 손 장군이 먼저 군사를 이끌고 유표를 치는 게 좋겠소.
> - 원술

★ 유명한 병법서 〈손자병법〉을 쓴 손무의 자손. 처음에는 한나라의 황실을 다시 세우려고 노력한 충신이었지만, 옥새를 손에 넣은 후로 마음을 바꾼다.

 "뭐? 감히 형주 태수 유표가 나를 공격하려 한다고?"

 강동의 호랑이 손견은 원술의 거짓 편지에 깜빡 속고 말았지. 그러나 장수들이 손견을 말렸어. 너무 허술해 보이는 계략이었거든.

 "성급하게 행동해선 안 됩니다. 우선 편지의 내용이 사실인지부터 확인하셔야 합니다."

 "맞습니다. 원술은 믿지 못할 자입니다."

 하지만 손견은 아랑곳하지 않았어.

 "나는 황제의 옥새를 손에 쥔 천하의 주인이다. 나는 무서울 게 없어.

이 천하에서 누가 나를 대적하겠느냐?"

옥새는 황제만 가질 수 있는 도장이야. 그런데 황제의 옥새가 손견의 손에 들어가 있다니, 무슨 일일까?

손견은 동탁을 처단하기 위해 연합군으로 낙양성에 들어갔을 때 그곳 우물 안에서 우연히 옥새를 찾았어. 아마 황제가 낙양에서 장안으로 피난을 떠나면서 우물에 급히 숨겨 두었나 봐.

손견은 옥새를 황제에게 돌려주지 않았어. 동탁이 황제를 손아귀에 넣고 자기 마음대로 조종했기 때문에 옥새를 돌려줄 필요가 없다고 생각한 거야.

'되면 더 되고 싶다.'라는 말이 있어. 사람의 욕심이 끝이 없다는 뜻이지. 손견은 이미 강동 일대를 아우르는 세력을 가졌고, 조정에서 큰 벼슬도 받았지만, 옥새를 갖게 된 손견의 마음 깊은 곳에서 검은 마음이 꿈틀거리기 시작했어. 혹시 자기가 황제의 자리에 올라 천하를 통치할 수 있을지도 모른다는 욕심이었지. 그때부터 검은 마음은 손견의 판단력까지 흐려지게 만들었어.

"유표 이놈! 예전에 낙양에서 철수하는 우리 군사를 공격한 적이 있으렷다! 이번에 되갚아 주리라!"

손견은 당장 군사를 일으켜 유표를 공격하라고 명령했어. 못된 원술의 계략에 빠지고 만 거야.

손견은 수만 명의 군사들을 이끌고 가서 유표가 있는 형주를 공격했어. 유표는 군사들을 이끌고 싸웠지만, 물밀듯 밀려드는 손견의 군사들을 당해 낼 수 없었지.

형주성은 거의 점령될 지경에 이르렀어.

"이러다간 우리가 손견에게 질 것입니다!"

"태수님, 차라리 원소에게 도움을 청하십시오!"

"원소는 속이 시커먼 자인 걸 모르시오? 그에게 도움을 청했다가 자칫하면 형주를 빼앗기게 될 것이오."

그때 지리에 밝은 괴량과 여공이 앞으로 나섰어.

"손견은 이곳의 지리를 잘 모릅니다. 지리를 이용해 공격한다면 손견도 우리를 이기지 못할 것입니다."

"그거 좋은 생각이오! 어디를 이용하면 좋겠소?"

괴량이 지도를 가리키며 말했어.

"이곳, 현산 계곡은 어떻습니까?"

현산 계곡은 산세가 매우 험한 곳이었어. 길이 가팔라서 말을 타고 가기 힘들었지.

"현산 계곡이라? 좋소! 이곳으로 손견을 유인합시다."

"예, 그러면 저는 숨어 있다가 손견의 군사들이 계곡에 들어오면 공격하겠습니다."

여공은 활을 잘 쏘는 군사들을 골라 먼저 현산으로 향했어. 괴량은 남은 군사들을 이용해 손견을 유인하기로 했지.

이렇게 해서 강동의 호랑이를 잡을 덫이 현산 계곡에 만들어졌어.

괴량의 군사들은 손견의 군사를 유인하기 위해 약 올리듯 싸움을 걸고 뒤로 휙 도망치기를 반복했어. 그러자 약이 바짝 오른 손견은 군사들을 이끌고 도망치는 괴량을 쫓아갔지.

"놈들이 계곡 쪽으로 도망친다! 당장 붙잡아라!"

손견의 명령에 군사들이 우르르 현산 계곡으로 달려갔어. 그러나 말을 타고 올라갈 수 없는 험하고 좁은 길이었지. 손견은 말에서 내려 골짜기로 걸어갔어.

콰르르르릉! 쿵쿵쿵!

산 위에서 커다란 바위들이 굴러떨어지기 시작했어. 당황한 손견과 군사들은 피할 곳을 찾아 주위를 두리번거렸지만, 좁은 계곡에 바위를 피할 곳이 어디 있겠어?

"쏘아라!"

바로 그 순간, 여공의 군사들이 쏘는 화살들이 비 오듯 우수수 쏟아졌어. 화살을 맞은 손견의 군사들이 픽픽 쓰러졌고, 남은 군사들은 허둥지둥 도망치기 시작했어. 그러자 손견은 칼을 빼 들고 군사들에게 도망치지 말고 끝까지 싸우라고 소리쳤어.

"절대 물러서지 마라!"

그때 커다란 바위 하나가 손견의 머리 위로 굴러떨어졌어.

"으아아악!"

손견은 그 자리에서 피를 흘리며 쓰러지고 말았지. 손견은 바위에 깔린 채 움직이지 않았어.

"강동의 호랑이가 죽었다!"

"적의 대장이 죽었으니, 적들이 우왕좌왕할 것이다!"

"모두 붙잡아라!"

여공의 군사들이 맹렬히 공격을 퍼부었어. 이윽고 쫓아온 괴량과 다른

장수들도 힘을 합쳐 손견의 군사들을 공격했지.

손견의 나이는 서른일곱 살. 옥새를 얻고 욕심이 너무 지나쳤던 걸까? 황제가 되겠다는 야심을 품은 강동의 맹장은 허술한 계략에 속아 젊은 나이에 세상을 뜨고 말았어.

손견에게는 아들이 있었어.

"으흐흐흑, 아버지의 원수, 가만두지 않겠다!"

손견의 아들 손책*은 여공을 향해 칼을 빼 들었어. 손책은 복수심에 불타 여공을 몰아붙였어. 손견의 부하인 정보 역시 칼을 휘두르며 여공을 함께 공격했지.

"아앗!"

두 사람의 공격이 계속되자 여공은 칼을 놓치고 말았어.

"이얍!"

"으윽!"

결국, 여공은 손책의 손에 싸늘한 시체가 되고 말았지.

손책은 아버지인 손견의 복수에는 성공했지만, 엄청난 피해를 입었어. 수많은 군사를 잃고 도망치듯 강동으로 돌아와야 했던 거야.

손책은 아버지의 시신을 앞에 두고 큰 소리로 목 놓아 울었어. 이때 손

★ 손견의 아들. 아버지를 따라 유표를 공격했다가 크게 패한 뒤 손견이 죽자 나머지 부하들을 데리고 원술의 수하로 들어간다.

책의 나이는 불과 열일곱 살이었어. 아버지의 뒤를 이어 군사를 다스리고 영토를 지키기에는 너무 어린 나이였지.

원술의 계략에 빠져 손씨 가문은 이대로 망하게 되는 걸까?

제8장

초선에게 반한
여포와 동탁

 손견이 죽었다는 소식은 금세 천하로 퍼져 나갔어. 거짓 편지로 손견을 죽게 만든 원술은 눈곱만큼도 슬퍼하지 않았어. 오히려 손견을 마구 비난했지.

 "그따위 유표 하나 잡지 못하고 죽었단 말이야? 그 정도 실력으로 강동의 호랑이라고 우쭐거렸던 거야?"

 원술은 손견이 유표를 잡을 거라 생각했는데, 자기 계략이 실패로 돌아가서 화가 난 거야.

 한편 원소는 손견의 죽음에 크게 기뻐했지. 언젠가는 꺾어야 할 큰 적수가 사라졌으니까.

 "바보같이 원술의 허술한 계략에 빠지다니, 하하하!"

 원소는 잔치를 벌일 정도였어. 참으로 속 좁은 한나라 명문가의 후손이었지.

동탁은 어땠을까? 손견이 죽었다는 소식을 듣자, 춤을 추며 기뻐했어.

"크크크, 나를 죽이려고 군사를 일으키더니 결국 제 무덤을 팠구나! 그러게 감히 내가 누구인 줄 알고 나를 공격하려 해!"

낙양성을 불태워 잿더미로 만들고 장안으로 도망쳐 온 동탁은 날마다 술에 취해 있었어. 툭하면 "내가 곧 이 나라의 황제이니라!" 하고 소리치며 신하들에게 명령을 내렸지.

하지만 그 많은 사람 중 누구도 바른 소리를 못 했어. 모두 쉬쉬하며 동탁의 눈치만 살필 뿐이었지.

"이번엔 지난번에 잡은 포로들을 데려오너라. 오늘은 손견이 죽은 걸 축하하는 의미로 포로들을 모두 죽이겠다."

"모, 모두를 죽인다고요?"

"당연하지!"

동탁은 손가락으로 포로들을 가리키며 말했어.

"저기 저놈은 끓는 물에 빠트려 죽이고, 저놈은 눈을 뽑아라 저놈은 시끄러우니 혀를 자르는 것이 좋겠다. 크크크!"

동탁은 눈 하나 깜짝하지 않고 포로들을 죽이라고 명령했어. 도저히 인간이 저지를 수 없는 잔인한 광경을 본 신하들은 눈물을 삼키며 한탄했지.

"아, 동탁이 이 나라를 모두 망치는구나!"

한나라의 충신 왕윤도 그런 신하들 가운데 한 명이었어.

동탁은 백성들을 강제로 끌고 와 장안에 엄청나게 화려한 궁궐을 세우고 그 안에서 흥청망청 잔치를 벌이며 지냈어. 백성들에게 식량을 빼앗아 20년 동안 먹고도 남을 만큼 쌓아 놓았지.

동탁의 횡포가 갈수록 심해지자, 왕윤의 한숨도 깊어졌어.

"한나라의 운명이 바람 앞의 촛불이로구나. 어떻게 해야 저 짐승만도 못한 동탁을 없애고 나라를 구할 수 있을까?"

"아버님, 대체 무슨 일로 그리도 근심이 깊으신가요?"

"오, 초선아……."

왕윤에게는 초선이라는 딸이 있었어.

미모가 얼마나 빼어난지 꽃이 다 수줍어할 정도였다고 해. 초선은 얼굴만 예쁜 것이 아니라 노래도 잘 부르고 춤도 매우 잘 췄어.

"초선 아가씨는 꼭 하늘에서 내려온 선녀 같아!"

"맞아, 어쩜 저리 곱고 아름다우신지!"

사람들은 초선의 아름다움을 입이 마르도록 칭찬했지.

왕윤은 그런 초선을 지그시 바라보다가 한 가지 꾀를 떠올렸어.

"초선아, 그저 이 나라의 앞일을 생각하니 한숨이 나는구나. 혹시 내 부탁을 하나만 들어줄 수 있겠느냐?"

"무엇입니까?"

"어려운 일일 수도 있다."

"아버님께서는 어려서 부모를 잃고 떠도는 저를 거둬 주시고 친딸처럼 아껴 주셨습니다. 그런 아버님을 위해 제가 무언들 못 하겠습니까?"

"네가 동탁과 여포*를 미모로 유혹할 수 있겠느냐?"

왕윤의 말에 초선은 망설임 없이 고개를 끄덕였어.

"그렇게 하겠습니다."

"이 일은 매우 위험한 일이다. 억지로 하지 않아도 돼."

"아닙니다. 지금 아버님의 걱정은 동탁과 여포 때문에 생긴 것이지 않습니까? 그러니 제가 그들을 갈라놓겠습니다."

초선은 왕윤의 마음을 들여다본 것 같았어. 초선의 말대로 동탁과 여포 사이를 갈라놓으려는 거였어. 그럴 수만 있다면 동탁을 죽일 방법이 생길 것 같았기 때문이지.

"저는 어찌 되어도 좋습니다. 제가 은혜를 갚을 수 있게 해 주세요! 저 또한 동탁에게 원한이 있습니다."

초선의 말에 왕윤은 동탁과 여포를 초선과 마주치게 할 방법을 생각해 냈어.

이튿날, 왕윤은 여포에게 진주가 박힌 황금 왕관을 선물로 보냈어. 선물을 받은 여포는 매우 기뻐했지.

★ 천하제일 뛰어난 실력을 갖춘 용맹한 장수이자만 눈앞의 이익에 따라 배신을 거듭한다.

"장군, 이번엔 우리 집에 와 주시겠습니까?"

"이리 귀한 선물을 받았는데 당연히 가야지요!"

큰 선물을 받은 여포는 왕윤의 초대를 흔쾌히 허락했지. 왕윤은 일부러 보름달이 뜨는 날 밤에 여포를 집으로 불러들였어. 그리고 달빛이 은은하게 비추는 정자에서 술을 마시자고 권했지.

여포가 술에 얼큰하게 취해 갈 때였어.

어디선가 음악 소리가 들리더니 비단옷을 곱게 차려입은 여인이 나타나 춤을 추기 시작했어. 여인의 모습은 마치 하늘에서 내려온 선녀처럼 아름다웠어.

"오, 저 여인은 선녀인가, 사람인가!"

여포는 두 눈을 비비며 중얼거렸어.

"저 아이는 제 딸 초선입니다."

왕윤의 말에 여포의 눈이 휘둥그레졌어.

그때 초선이 여포의 곁으로 다가와 다소곳하게 앉으며 인사했어.

"장군님, 초선이라 하옵니다. 저는 평소에 장군님처럼 강한 장수의 아내가 되고 싶었습니다."

초선의 말에 여포의 얼굴이 빨갛게 달아올랐어.

그 모습을 본 왕윤이 여포에게 넌지시 말했어.

"장군, 내 딸 초선을 아내로 맞아 주시겠습니까?"

"저, 정말입니까?"

"우리 딸이 평소에 여포 장군을 한 번만 뵙게 해 달라고 어찌나 조르던지요! 그래서 오늘 두 사람을 만나게 해 주려고 이렇게 초대를 한 것입니다."

그 말을 들은 여포는 당장 초선과 혼인을 하고 싶다고 대답했어. 첫눈에 초선에게 홀딱 빠져 버린 거지. 그 모습을 본 왕윤은 빙그레 미소를 지으며 말했어.

"혼례식은 며칠 뒤에 진행하도록 하겠습니다. 그때까지 준비할 것이 많으니 기다려 주십시오."

"암요, 기다리고말고요!"

그로부터 며칠 뒤, 왕윤은 이번에는 동탁을 자기 집으로 초대했어. 동탁은 평소 자기가 하는 일을 달가워하지 않던 왕윤이 태도를 바꾸고 초대까지 하자 매우 좋아했어.

"그래, 이제 천하의 왕윤도 나에게 무릎을 꿇으려나 보군!"

왕윤은 동탁에게도 술을 대접하겠다며 정자로 데려갔어. 그리고 여포에게 초선을 보여 주었던 것과 똑같은 방법을 썼지.

술을 마시던 동탁은 어디선가 들려오는 음악 소리에 귀를 쫑긋했어. 이윽고 아름다운 초선이 나타나 춤을 추자, 동탁의 입이 쩍 벌어졌어.

"저 여인은 누구인가! 앵두 같은 입술에 복숭아 같은 뺨, 정말 아름답구나!"

"제 딸입니다. 이름은 초선입니다."

"초선? 정말 아름답다, 아름다워!"

동탁 역시 초선을 보고 한눈에 반해 버렸어.

"장군, 제 딸을 장군께 바치겠습니다."

"그래? 그렇다면 이 아이를 당장 데려가겠네!"

왕윤의 말을 들은 동탁은 초선을 곧장 자기 집으로 데려갔어. 왕윤은 떠나는 초선의 귀에 대고 속삭였어.

"제발 조심해서 무사히 돌아오도록 해라."

이튿날, 왕윤은 허겁지겁 여포에게 달려갔어.

"큰일이 났습니다! 여 장군, 승상이 초선을 끌고 갔습니다!"

"뭐, 뭐라고요?"

"실은 승상에게 초선과 여 장군의 혼인을 허락해 달라고 부탁하려 했습니다. 그런데 초선의 모습을 본 승상이 당장 그 아이를 아내로 삼겠다며 데려가 버렸지 뭡니까!"

"그 말이 사실입니까?"

"이 일을 어찌하면 좋습니까!"

왕윤은 여포 앞에서 난처한 표정을 지으며 눈물까지 글썽였어.

그러자 여포는 화가 치솟았지.

"감히 내 아내가 될 사람을 빼앗아 가다니!"

"제가 만약 여 장군이라면 절대 참을 수 없을 것입니다."

왕윤은 화가 난 여포의 가슴에 기름을 끼얹었어. 그 순간 머리끝까지 화가 치밀어 오른 여포는 곧장 동탁에게 찾아갔어.

하지만 막상 동탁의 집에 도착해서는 차마 칼을 빼 들 용기가 나지 않았지. 여포는 방 밖에서 우물쭈물 망설였어.

그때 동탁의 방에서 나온 초선이 여포와 눈이 마주치게 되었어.

"초선 낭자!"

"장군님……. 왜 이제 오셨어요? 제가 이렇게 끌려온 것을 그냥 두고만 보실 것입니까? 저는 장군님과 결혼하고 싶었어요!"

초선은 여포의 품에 안겨 서럽게 울기 시작했어.

그 모습을 본 여포는 가슴이 찢어질 듯 아팠지.

"흑흑, 원치 않는 사람과 혼인할 바에야 차라리 연못에 빠져 죽고 말겠습니다!"

초선은 여포를 밀치고 연못으로 뛰어들려고 했어. 놀란 여포가 다급히 초선의 손을 붙잡았지. 그런데 하필 그 모습을 동탁이 보고 말았어.

"여포, 네 이놈! 지금 무슨 짓을 하는 것이냐!"

동탁은 여포가 자기 아내가 될 초선을 억지로 붙잡은 것으로 생각했던 거야.

화가 난 동탁이 여포를 향해 창을 던졌어.

동탁의 창이 여포의 곁을 아슬아슬하게 스치고 지나갔어. 하마터면 여포가 그 창에 맞을 뻔했지.

'이 자리엔 동탁의 군사들이 너무 많다. 은밀히 동탁을 죽일 기회를 엿보아야만 해.'

동탁을 피해 도망친 여포는 동탁의 집 주위에 몸을 숨긴 채 기회를 엿보았어.

여포가 달아난 뒤 동탁은 초선을 나무랐어. 초선이 여포와 특별한 사이라고 의심했기 때문이지.

"사실대로 말하거라. 여포와 너는 어떤 사이냐?"

"오해입니다. 여포 장군이 저를 보자마자 억지로 껴안았습니다. 그래서 저는 치욕을 당하느니 죽으려고 연못에 몸을 던지려고 한 것입니다."

"그 말이 사실이냐?"

"제가 연못으로 뛰어들려는 것을 승상께서도 보시지 않았습니까!"

초선이 눈물을 흘리며 억울한 표정을 지었어.

그 말을 들은 동탁은 이를 바득바득 갈았지. 자기 부하인 여포가 배신했다고 생각한 거야.

여포는 예전에 양아버지 정원을 죽이고 동탁에게 왔어. 그래서 동탁도 여포를 완전히 믿지 못했던 거야. 한 번 배신한 사람은 두 번, 세 번 배신할 수 있으니까.

"여봐라, 당장 여포를 죽여라!"

"네?"

당황한 군사들은 동탁의 명령에 우물쭈물했어. 동탁이 발을 동동 구르며 소리를 내질렀어.

"여포를 잡아 죽이라고!"

"승상, 여포는 엄청난 실력을 갖춘 장수입니다. 고작 여자 하나 때문에 훌륭한 장수를 잃다니요? 그건 말도 안 됩니다."

"하지만 감히 여포가 내 아내 될 초선을 넘보지 않았느냐?"

"여포가 초선을 마음에 품었다면 차라리 승상께서 초선을 양보하십시오. 그러면 여포가 더 큰 충성을 바칠 것입니다."

부하의 말을 들은 동탁은 고개를 끄덕였어.

"그래, 여포를 그냥 죽이기엔 너무 아깝지. 그런 장수를 어디서 또 구하겠느냐?"

동탁은 부하 장수들을 여포에게 보냈어. 그리고 화해하고 싶다는 말을 전했지.

하지만 여포는 동탁의 말을 쉽게 믿으려 하지 않았어.

"흥, 내가 또 충성을 바칠 줄 알고?"

여포는 이를 바득바득 갈았지.

동탁이 여포와 화해하려고 한다는 소식을 듣게 된 왕윤은 둘을 갈라놓으려고 초선과 계획한 일이 실패할 것 같아서 부랴부랴 여포를 찾아갔어. 왕윤은 여포의 손을 맞잡으며 고개를 푹 숙였어.

"장군, 이 모든 게 나의 잘못입니다."

"아닙니다. 이건 모두 욕심 많은 동탁의 잘못이죠!"

"미안합니다. 내가 어떻게든 초선을 지켰어야 하는데……."

"일이 이렇게 된 이상 나도 가만히 있지만은 않을 겁니다. 어떻게든 동탁 그놈을 죽이고 초선을 되찾아 올 겁니다!"

왕윤은 화가 나서 길길이 날뛰는 여포를 보고는 가슴을 쓸어내렸어.

"장군, 마침 내게 아주 좋은 꾀가 하나 있습니다!"

왕윤은 여포에게 동탁을 죽일 기회를 만들 수 있다고 소곤소곤 말했어. 그 말에 여포의 눈이 휘둥그레졌지.

"동탁을 황제 폐하가 있는 황궁으로 불러들이도록 합시다."

"황궁에는 왜요?"

"황궁에 들어갈 때는 누구도 무기를 지닐 수 없지 않습니까? 게다가 호위하는 군사 없이 들어가야 하지요. 동탁 곁에 아무도 없을 때 공격하면 충분히 죽일 수 있습니다."

왕윤의 말에 여포가 한숨을 내쉬었어.

"좋은 꾀이기는 하나 의심 많은 동탁이 군사들을 두고 혼자 황궁으로 오려 하겠습니까?"

여포가 묻자, 왕윤은 빙그레 미소를 지었어.

"동탁은 오래전부터 스스로 황제가 되고 싶다는 꿈을 품고 있었지요. 황제 자리를 넘길 테니 군사들을 두고 오라고 말하면 냉큼 달려올 것입니다."

"그런 방법이 있었군요!"

왕윤의 말에 여포가 무릎을 쳤어.

이튿날, 왕윤은 동탁을 찾아가 어젯밤에 황제가 동탁에게 자신의 자리를 넘기겠다고 약속했다고 말했어. 그 말에 동탁은 입이 찢어질 정도로 히죽거리며 웃었지.

"크크크, 드디어 내가 황제가 되는 건가?"

"아직은 아닙니다. 황제로부터 직접 칙서를 받아야만 황제 자리에 오를 수 있습니다."

"그래, 그렇지!"

"지금 당장 가장 화려한 옷으로 갈아입고 궁궐로 가십시오."

"알겠네, 알겠어!"

"참, 군사들을 데려가는 건 안 됩니다."

"어째서?"

동탁이 싱글벙글한 표정으로 물었어.

"황제가 겁에 질려 칙서를 내리겠다고 했던 일을 없었던 일로 해 버리면 어찌합니까? 그러니 홀로 궁궐로 가십시오."

"아아, 그렇지! 그렇게 하도록 하지!"

신이 난 동탁은 가장 화려한 옷을 꺼내 입고, 호위 무사 서른 명만 데리고 궁궐로 향했어. 궁궐에 도착해서는 호위 무사는 밖에 있도록 명령했어.

동탁이 궁궐의 문을 활짝 열어젖히며 소리쳤어.

"새로운 황제가 될 몸이 오셨다!"

그러자 궁궐 안 기둥 뒤에 숨어 있던 여포가 나타났어.

"오, 여포야, 너도 내가 황제가 되는 것을 축하해 주려고 왔느냐?"

동탁이 기쁜 목소리로 외쳤어. 하지만 여포는 콧방귀를 뀌고는 칼을 꺼내 들었어.

"죽어라, 역적 동탁!"

여포는 동탁을 향해 칼을 휘둘렀어.

"이야얍!"

"으, 내가 자식처럼 여겼는데 은혜를 모르는 놈……."

칼에 찔린 동탁은 신음을 흘리며 그 자리에 쓰러졌어. 이렇게 백성들을 괴롭히고 황제의 자리를 빼앗으려 하던 동탁은 비참하게 죽음을 맞이하게 되었지.

"동탁이 죽었다! 역적 동탁이 사라졌다!"

여포를 따르던 사람들은 환호를 질렀어.

여포는 여기에서 멈추지 않고 동탁의 가족과 친인척 등을 모조리 처단했어. 그리고 창고에서 어마어마하게 많은 보물을 꺼내 수레에 실었어. 동탁이 죽었으니 그 모든 것을 자기 것으로 생각했던 것이지.

동탁이 죽었다는 소식이 전해지자, 백성들이 거리로 나와 춤을 추며 기뻐했어.

동탁의 시신은 길거리에 대충 던져졌어. 누군가 배꼽에 심지를 박아 불을 붙였는데, 며칠 동안 꺼지지 않고 타올랐다고 해. 기름진 음식을 많이 먹어 배가 남산만큼 크고 기름졌기 때문이지.

초선도 여포의 손에 동탁이 죽었다는 소식을 전해 들었어.

"아버님, 제가 할 일은 다 했습니다. 제가 살아 있으면 앞으로 아버님에게 해를 끼치게 될 것 같습니다. 아버님, 부디 오래오래 행복하세요."

초선은 이 말을 하고 연못에 몸을 던졌어. 그 후로 초선을 본 사람은 아무도 없었어. 왕윤은 하늘이 내려준 딸이 떠났다며 매우 슬퍼했어.

백성들에게 공포의 대상이었던 짐승 같은 동탁이 사라진 한나라. 이제 한나라에는 다시 평화가 찾아올까? 하지만 평화는 잠시뿐, 한나라는 다시 혼란의 소용돌이 속으로 빠져들기 시작했어.

제9장

조조, 여포와 싸우다

 동탁이 죽었지만 그를 따르던 부하들은 그대로 있었어. 바로 이각과 곽사라는 두 장수야. 이각과 곽사는 여전히 엄청나게 많은 군사를 이끌고 있었지. 이들은 동탁이 누리던 권력을 이어받으려고 했어.
 "이놈 여포야, 네 숨통은 내가 끊어 주마."
 이각이 여포를 공격하자 여포는 군사를 이끌고 장안성을 나와 이각의 군사와 싸웠어. 그 틈을 노려 곽사의 군사가 텅 빈 장안성을 차지해 버렸어. 여포는 졸지에 성 밖으로 쫓겨난 신세가 됐지.
 장안성을 차지한 이각과 곽사는 못된 짓을 저지르기 시작했어. 제일 먼저 동탁을 죽인 왕윤을 잡아 죽였어. 또 궁중에 들어가 황제를 죽이려다가 생각을 바꿔서 자기들을 최고의 장군 자리에 임명하라고 황제를 협박했어.
 그런 뒤, 이각과 곽사는 죽은 동탁을 위해 성대한 장례식을 치렀어. 그런데 참 이상한 일도 다 있지. 동탁의 관을 땅에 묻으려는 순간, 하늘에서 벼락이 떨어진 거야. 벼락을 세 번이나 맞은 동탁의 관은 산산조각 났고, 동탁의 시신은 먼지가 되어 사라져 버렸어.

그러거나 말거나, 동탁의 자리를 차지한 이각과 곽사는 동탁과 똑같이 온갖 나쁜 짓을 다 저지르기 시작했어. 자기 말을 안 들으면 무조건 죽이고, 백성들을 괴롭히고 착취했지.

장안성에서 쫓겨난 여포는 갈 곳이 없어서 원술을 찾아갔어. 그런데 원술이 여포를 받아 줬을까?

'아버지 둘을 죽인 놈인데 언제 나를 죽일지 모르지.'

원술은 성문을 걸어 잠그고 여포를 만나지 않았어. 여포는 양아버지 정원을 죽이고, 아버지처럼 모시던 동탁까지 죽인 자라고 천하에 소문이 났는데 누가 받아 주겠어?

천하제일의 무예 실력을 갖췄다는 여포였지만, 실력이 있으면 뭐 해? 이젠 완전히 배신자로 낙인이 찍혀 버린 거지. 신념도 의리도 없이 그저 눈앞의 이익을 좇는 여포를 누구도 좋아하지 않았어.

받아 주는 사람이 없자, 여포는 그저 쓸쓸히 천하를 떠도는 떠돌이 신세가 되고 말았어. 이런 여포가 머물 곳이 과연 있을까?

잊지 말아야 할 또 한 사람, 간사한 영웅, 즉 간웅이라고 불리는 조조는 무슨 일을 하고 있었을까?

이때 조조는 한나라의 도읍인 장안에 있지 않고, 자신의 근거지인 연주의 동군에 돌아가 있었어. 그래서 여포가 이각과 곽사와 싸울 때 관여하지 않았지.

이각과 곽사가 세상을 뒤흔드는 꼴이 마음에 들지 않았지만, 조조는 아직 군사가 많지 않고, 세력도 강하지 못했어. 이각과 곽사가 거느린 군사와는 비교할 수 없을 만큼 적어서 덤빌 수가 없었지. 조조에게는 그 무엇보다 자신의 세력을 키우는 일이 중요했어. 그런 조조에게 황제의 명령이 담긴 편지가 도착했어.

> 동군 태수 조조는 들으라!
> 황건적의 우두머리를 죽여 없애기는 하였으나,
> 아직 남은 황건적이 백성들을 괴롭히고 있다.
> 그대는 당장 군사를 끌고 나가 황건적 잔당을 없애도록 하라.

"뭐? 남아 있는 황건적을 토벌하라고?"

조조는 황제의 편지를 보고 인상을 찌푸렸어. 조조는 이각과 곽사의 조종을 받아 허수아비나 다름없는 황제의 명령을 듣고 싶지 않았어.

"출동은 없다. 군사를 아껴서 나중에 큰일을 벌일 때 써야 해."

조조가 생각하는 큰일이란 무엇이었을까? 조조는 이미 천하통일을 꿈꾸고 있었어. 세력을 키워도 모자랄 판국에 황건적 잔당 때문에 괜히 손해를 보고 싶지는 않았던 거야.

"태수님, 황건적 토벌은 무조건 나가셔야 합니다."

제일 구석에 앉아 있던 새로 들어온 부하가 나서며 말했어. 그러자 장수들이 버릇없는 녀석이 어디서 함부로 나서냐며 무시했어.

조조는 말을 들어나 보자고 했지.

"태수님, 오히려 이번 일이 좋은 기회가 될 수도 있습니다. 붙잡은 황건적들을 부하로 삼으면 되지 않습니까?"

그렇게 제안한 사람은 순욱*이었어.

"적을 잡아 내 군사로 만든다?"

순욱의 말을 들은 조조는 솔깃했어. 그래서 당장 군사를 이끌고 황건적 잔당이 있다는 청주로 달려갔지.

수는 많았지만 대장을 잃고 떠돌던 황건적 무리는 제대로 싸워 볼 생각도 하지 못했어. 조조의 군사가 쳐들어오자 무조건 손을 들고 항복하겠다고 했지. 조조는 항복한 황건적에게 밥을 먹이고 옷을 내주며 잘 대해 줬어.

그 덕분에 조조는 석 달 사이에 30만 명에 달하는 대군을 거느리게 되었어. 또 청주의 황건적 출신 병사 중에서 가장 뛰어난 병사들을 뽑아 정예군을 만들었어. 그리고 이 정예군을 '청주병'이라고 불렀지.

★매우 뛰어난 머리를 가졌다. 원래 원소의 부하였지만 원소가 큰일을 이루지 못할 인물이라는 걸 깨닫고, 조조를 찾아가 능력을 펼친다.

조조는 황제에게 자신이 모든 황건적 무리를 없앴다는 편지를 보냈지. 그러자 황제는 조조에게 진동 장군이라는 벼슬을 내렸어.

"진동 장군! 축하드립니다!"

조조가 높은 벼슬을 받았다는 사실이 천하에 소문이 났어. 그러자 장수들부터 지략가들까지 뛰어난 능력을 갖춘 인재들이 조조 밑에서 일하겠다며 찾아왔어. 조조의 세력은 날이 갈수록 점점 커졌지. 광대한 땅과 강력한 군사, 뛰어난 인재까지 모두 갖추게 된 거야.

연주에서 완전히 자리를 잡은 조조는 아버지를 모셔 오기로 했어. 조조의 아버지 조숭은 그동안 가족들을 데리고 시골에 살고 있었거든.

조조의 편지를 받은 조숭은 가족과 친척, 하인 등을 데리고 조조가 있는 연주로 향했어. 그런데 가는 길에 서주에 잠시 머무르게 되었지.

서주의 태수인 도겸*은 마침 조조에게 잘 보이고 싶은 마음이 컸어. 도겸은 좋은 사람이었어. 사람의 도리를 잘 알고 인자해서 서주의 백성들이 믿고 따랐지. 도겸은 조조를 잘 알아 두면 나중에 서주의 백성을 위해 좋을 거라고 판단한 거야.

도겸은 성 밖으로 직접 나가 조숭과 조조의 가족들을 맞이하고, 극진하게 대접했어. 이틀 동안 큰 잔치를 열어 주고 금은보화를 수레에 가득 실어 주었지.

★ 서주를 다스리는 관리로 도상과 도응이라는 아들 두 명이 있다. 하지만 두 아들의 능력을 믿지 못해서 서주를 아들들에게 물려주지 않고 유비에게 맡아 달라고 부탁한다.

"저희를 이리 대접해 주시니 몸 둘 바를 모르겠습니다."

조숭은 도겸에게 감사의 인사를 전했어.

"조 장군님에게 우리 서주를 잘 부탁드린다고 전해 주십시오. 혹시 가시는 길에 도적을 만날 수 있으니, 제 부하인 장개와 군사들이 호위하도록 하겠습니다."

"그렇게까지 해 주시다니!"

"안전하게 아드님을 만나셔야 하지 않겠습니까?"

도겸은 부하 장수인 장개에게 군사 500명을 내주고 조숭이 가는 길을 안전하게 호위하라고 명령했어. 그런데 너무 잘하려고 한 도겸의 행동은 비극의 씨앗이 되고 말았어.

비가 주룩주룩 내리는 추운 밤, 조조의 아버지인 조숭과 가족, 하인 등 일행은 낡은 절에서 하룻밤을 묵기로 했어. 절 밖에는 도겸이 조숭을 호위하라고 보낸 장개와 군사들이 보초를 서고 있었지.

'칫, 저들은 선물로 엄청난 금은보화를 받았는데 나는 추위에 덜덜 떨면서 이게 뭐람! 저 금은보화만 있다면 떵떵거리고 살 수 있을 텐데.'

불평불만이 많았던 장개는 나쁜 생각을 갖게 되었어. 조숭이 선물받은 금은보화를 가로챌 결심을 한 거야.

깊은 밤, 장개는 부하들을 끌고 조숭이 자는 방으로 쳐들어갔어.

"이게 무슨 짓이오?"

"컥!"

장개는 조숭을 비롯해 조조의 동생과 가족, 친인척과 하인마저 모조리 죽였어. 그리고 절에 불까지 지르고 재물을 빼앗아 달아났지.

아버지와 가족이 모두 죽었다는 사실은 곧 조조에게 전해졌어.

"도겸의 부하들 손에 살해되었다고 합니다."

조조는 손발이 부들부들 떨리고 식은땀이 흘렀어. 머리가 터져 버릴 것처럼 아팠지.

"당장 서주를 쳐라! 서주 사람은 단 한 사람도 남기지 말고 모조리 죽여라!"

조조는 군사를 직접 이끌고 서주로 진격했어. 그 수가 무려 백만 명이었지.

조조의 백만 대군은 길에서 만나는 모든 백성을 죽이면서 행군했어. 남자, 여자, 노인, 아이 가리지 않고 눈에 보이는 사람은 모두 죽였어. 얼마나 잔혹한지 소와 돼지는 물론 개와 닭까지 조조 군이 지나가는 자리에는 생명이라곤 남아 있지 않았지.

"뭐라고? 조조의 대군이 쳐들어오고 있다고?"

화들짝 놀란 도겸은 자신이 그런 것이 아니라고 설명하려 했지. 하지만 조조는 도겸의 말을 들어 주지 않았어. 사신을 보낼 때마다 모조리 죽여 버린 거야.

"어허, 이 일을 어쩌면 좋은가!"

도겸은 스스로 자기의 목숨을 바쳐 조조에게 용서를 구하려고 했어. 그렇게 하면 서주의 백성을 구할 수 있을 거라 생각했던 거야.

그러나 신하들이 결사반대했어. 서주의 백성들은 인자하고 선량하며 사람의 도리를 잘 아는 도겸을 믿고 따랐거든.

"우리를 구해 줄 원군을 요청해야겠다."

도겸은 천하의 제후들에게 사람을 보내 원군을 보내 달라고 했어. 그런데 그 누구도 서주를 구해 주려는 자가 없었지. 딱 한 사람만 빼고. 그가 바로 유비였어.

도겸의 비밀 편지가 북해 태수 공융에게 전해졌어.

공융은 공자의 후손으로, 모두에게 존경받는 학자이기도 했어. 때마침 공융의 곁에는 유비와 관우, 장비가 함께 있었지.

"유 공께서는 조조를 아십니까?"

"몇 번 만난 적이 있습니다."

"그거 잘됐습니다. 부디 서주로 가서 조조를 막아 주십시오. 도 태수를 도와주십시오!"

"제가 조조와 싸울 수는 없습니다. 하지만 최선을 다해 싸움을 말려 보겠습니다."

공융의 부탁을 받았지만 유비는 군사가 없었어. 유비는 공손찬에게 군사 5천 명을 빌려 관우, 장비와 함께 서주로 출발했어.

서주를 돕겠다는 유비의 편지를 받은 도겸은 기쁘기도 하고 슬프기도 했어.

"아, 많고 많은 제후 가운데 우리를 도와줄 사람이 유비, 관우, 장비 삼형제밖에 없단 말인가?"

그런데 유비 군이 도착하기 전에 조조의 백만 대군이 먼저 도겸이 머무는 서주성에 도착했어. 조조는 개미 한 마리 도망치지 못하도록 서주성을 백만 군사로 겹겹이 포위해 버렸어.

"이놈, 도겸! 네놈은 이제 독 안에 든 쥐다!"

조조는 도겸이 제 발로 걸어 나와 항복하기를 기다렸어.

유비와 관우, 장비는 서주성에 도착해 새카맣게 에워싼 조조의 대군을 보고 깜짝 놀랐어. 유비가 거느린 군사는 고작 5천 명밖에 되지 않잖아.

"백만이라니! 형님, 우리는 5천 명인데 싸울 수 있겠수?"

장비가 고개를 절레절레 흔들었어. 관우마저 유비를 말렸어.

"형님, 도겸과 조조 사이에 벌어진 일은 둘 사이의 개인적인 원한입니다. 우리가 끼어들 필요가 없지 않습니까? 우리가 도겸에게 신세를 진 적도 없고, 잘 아는 사이도 아니지 않습니까?"

그러자 유비가 단호한 얼굴로 입을 열었지.

"이미 구하러 가겠다고 약속했다. 한 번 한 약속은 저버리지 않는다."

"아니, 약속도 좋지만, 상대는 백만이고 우리는 5천 명이에요. 우리 군사 1명이 조조 군사 200명이랑 싸워야 한다고요!"

"그래도 어쩔 수 없다. 조조 군이 이곳까지 진격하면서 죄 없는 백성을 수없이 죽이지 않았느냐? 이대로 두면 조조의 백만 대군은 계속 백성을 죽일 것이다."

"으흠. 형님 뜻이 그렇다면야, 나 장비가 선봉에 서서 싸우겠소! 형님은 제 뒤를 따라오슈!"

장비가 장팔사모를 들고 말을 몰았어. 장비 뒤로 유비와 재빠른 군사 1천 명이 백만 대군을 향해 돌격했어.

"이랴, 이랴, 이랴! 이놈들, 장비 님이 나가신다! 장팔사모 맛을 안 보려거든 길을 비켜라!"

두두두, 두두두, 두두두두!

장비가 선봉에 선 유비의 군사는 백만 대군 한가운데를 뚫고 번개처럼 지나갔어. 그 기세가 얼마나 대단했던지 바다가 갈라지듯이 백만 대군이 좌우로 갈라졌지. 덕분에 유비의 군사는 백만 대군의 포위를 뚫고 서주성 안으로 무사히 들어갈 수 있었어.

"저, 저, 저자들이 누구냐?"

이 광경을 지켜본 조조가 놀라서 물었어.

"유비 군이라고 합니다."

"유비? 아니, 그 사람이 여기 왜 나타났지?"

조조는 이해가 되지 않았어. 유비는 도겸은 물론 자신과도 아무 관련이 없기 때문이야.

서주 태수 도겸은 유비를 보자마자 반가워 어쩔 줄 몰랐어.

"오, 유 공, 나를 도와주러 오실 줄 알았소! 이 힘없는 늙은이, 어떻게 은혜를 갚아야 할지 모르겠소."

도겸은 눈물을 글썽이며 조조를 막아 달라고 애원했어.

"태수님, 저는 조조와 싸우려고 이곳에 온 것이 아닙니다."

"그러면 왜 오셨습니까?"

"저는 싸움을 말리려 왔습니다. 조조에게 화해를 요청할 생각입니다."

"화해라고요? 조조가 들어주겠습니까?"

"조조가 들어주지 않는다면, 저희 삼 형제도 목숨을 걸고 조조와 싸우겠습니다."

유비는 조조에게 화해를 청하는 편지를 썼어.

장비가 그 편지를 들고 조조에게 향했지.

> 조 장군! 세상이 어지럽고 백성들은 고통에 시달리고 있습니다.
> 가족을 잃은 장군의 마음이 아픈 것은 알겠으나,
> 이것은 도 태수가 시킨 일도 아니거니와
> 태수의 졸개들이 저지른 짓입니다.
> 장군의 개인적인 원한은 거두시고
> 고통에 시달리는 백성을 위해 군사를 써 주셨으면 합니다.
>
> – 유비

조조는 편지를 받자마자 버럭버럭 화를 내며 편지를 갈가리 찢어 버렸어.

"화해? 내 아버님을 죽인 원수와 어찌 화해한단 말이냐!"

조조는 당장 편지를 가져온 자의 목을 치라고 했어. 무기도 없이 적진에 들어간 장비는 조조의 군사에 잡혀 죽을 위기에 처했지.

"지금 당장 서주성으로 쳐들어가서 무너뜨린다!"

그때 군사 한 명이 말을 타고 미친 듯이 조조 앞으로 달려왔어. 그는 조조가 머물던 연주성에서 다급한 소식을 가지고 온 군사였어.

"장군님, 큰일입니다. 여포가 쳐들어왔습니다!"

"뭐라고?"

"지금 복양성까지 쳐들어왔다고 합니다. 우리 군사들이 여포에게 쫓기고 있습니다. 이대로 두면 연주성까지 빼앗길 것입니다. 이 일을 어쩌면 좋습니까?"

아무도 받아 주지 않아 천하를 떠돌던 여포는 조조가 모든 군사를 이끌고 서주로 출격하자, 그 틈을 타 텅 빈 조조의 성으로 쳐들어온 거야. 여러 개의 성이 이미 여포의 손에 들어갔지. 조조는 이를 악물었어.

만약 연주성을 여포에게 빼앗긴다면 조조는 아주 큰 손실을 입게 될 상황이었던 거야.

그때 순욱이 꾀를 냈어.

"일단 유비의 말대로 은혜를 베풀어 화해하는 척하십시오."

"화해하라고?"

"우리가 화해하면 후퇴하는 우리의 등을 그들이 공격하지는 않을 것입니다. 안전하게 후퇴해서 연주로 돌아가 여포를 몰아내고 다시 서주를 공격하면 되잖습니까?"

"흐음!"

조조는 순욱의 제안을 받아들였어.

마음으로는 당장이라도 서주성을 무너뜨리고 도겸을 죽여 버리고 싶었지. 하지만 여포를 몰아내지 않으면 더 큰 일이 생길지도 몰랐어. 결국

조조는 장비를 불러 화해하겠다는 편지를 유비에게 전하라고 했어.

"조조가 우리의 화해를 받아 주었소!"

"이게 다 유 공 덕분입니다!"

조조의 군사들이 연주로 되돌아가자, 서주의 백성들은 기뻐 어쩔 줄 몰랐어.

그날 밤, 서주성에서는 큰 잔치가 벌어졌지.

잔치 분위기가 무르익자, 도겸은 중요한 것을 발표하겠다고 말했어.

잔치에 참석한 사람들이 모두 도겸을 바라보았지.

"나는 이미 늙고 병들어서 서주를 책임질 힘이 없소. 그래서 나를 대신해서 서주를 잘 다스려 주실 분을 모시려고 하오."

"그분이 누구십니까?"

유비가 물었어.

"바로 유 공입니다. 유 공에게 제 자리를 대신 맡기려 합니다."

유비에게는 정말 반가운 제안이었어.

관우와 장비는 기뻐서 웃음이 터지려는 걸 간신히 참았지. 장비는 마음속으로 이제는 정말 고생이 끝나는 건가 생각할 정도였어.

유비는 어떻게 했을까? 유비는 굳어진 표정으로 펄쩍 뛰며 단번에 거절했어.

"말도 안 되는 제안입니다! 제가 어찌 서주 같은 큰 땅을 지키겠습니까? 저는 그저 서주를 구하러 왔을 뿐 다른 욕심은 조금도 없습니다."

"천하에 많고 많은 제후가 있지만, 서주를 구하러 오신 분은 유 공이 유일합니다. 제발 서주를 맡아 주십시오."

도겸의 간절한 부탁에도 유비는 계속 안 된다고 거절했어.

그 모습을 본 관우마저 유비에게 잠시라도 제안을 받아들이면 어떻겠냐고 설득했지.

"안 된다. 나처럼 벼슬이 낮은 사람이 이 큰 성을 책임진다는 게 말이 되겠느냐? 나보다 더 좋은 사람이 있을 것이다."

장비는 답답해서 가슴을 쾅쾅 쳤지만, 유비의 고집을 꺾을 수 없었어. 유비가 끝까지 서주 태수 자리를 거절하자, 도겸은 유비에게 다른 제안을 했어.

"유 공, 서주에는 소패성이라는 곳이 있습니다. 서주성보다는 작은 성이지만, 그곳을 맡아 다스려 주시면 어떻겠습니까?"

"그건······."

"서주의 백성을 위해 부탁드립니다. 부디 소패성에 머물며 서주를 지켜 주십시오!"

도겸이 눈물을 흘리며 애원했어.

"서주를 지켜 주십시오!"

도겸의 신하들마저 머리를 조아리고 애원했지.

유비는 하는 수 없이 고개를 끄덕였어. 그렇게 유비, 관우외 장비는 소패성에 머물면서 힘을 키울 수 있게 되었어.

한편 백만 대군을 이끌고 조조는 연주로 다급히 돌아왔어. 그리고 복양성 앞의 들판에서 여포와 싸움을 시작했지. 조조는 백만 대군을 가졌지만, 천하 최고의 무예 실력을 갖췄다는 여포의 공격 역시 대단해서 싸움은 좀처럼 승부가 나지 않았어.

"에잇, 여포는 힘만 셌지 멍청하고 어리석은 놈인데! 대체 여포의 옆에서 작전을 세우고 지략을 펴는 자가 누구란 말인가!"

사실 여포의 곁에는 진궁이 있었어. 진궁은 조조가 어떤 사람인지 잘 알고 있었지. 조조가 동탁을 죽이려다가 실패하고 쫓길 때 조조를 구해

누가 여포 옆에 있는 거야?

준 사람이 바로 진궁이거든.

 영웅인 줄 알았던 조조가 죄가 없는 여백사를 잔인하게 죽이는 걸 보고 진궁은 조조에게 크게 실망했어. 그래서 조조가 잠들었을 때 죽이려다가 생각을 바꾸고 떠났지.

 그 진궁이 지금 여포의 부하로 들어가, 여포에게 조조와 대적할 작전을 짜 주었던 거야.

 조조는 진궁의 수에 휘말려 몇 번이나 큰 위기를 맞아야 했어. 결국, 진궁의 꾀에 속아서 얼마 못 가 복양성을 빼앗기고 말았지.

 "에잇, 복양성을 빼앗기다니! 대체 어떤 놈인데 이렇게 나를 잘 알고 있는 거지?"

 조조는 이를 갈며 여포를 공격할 작전을 다시 세웠어. 하지만 조조를 잘 아는 진궁은 조조가 생각해 낸 작전을 훤히 꿰뚫어 보고 있었지. 진궁은 여포에게 새로운 계략을 알려 줬어.

 "여포 장군님, 제게 조조를 잡을 수 있는 계책이 있습니다. 복양성의 명문 귀족인 전씨를 이용하는 것입니다."

 "전씨 가문을?"

 며칠 후, 전씨의 부하가 조조에게 편지를 들고 찾아왔어.

 "이것이 무엇이냐?"

 "전 대인께서 보낸 비밀 편지입니다."

> 조 장군님, 여포는 잔인하고 난폭한 자입니다.
> 부탁하오니, 하루빨리 복양성을 여포에게서 구해 주십시오!
> 여포가 내일 밤 복양성을 잠시 떠난다고 합니다.
> 이 틈을 타서 저희가 신호를 보내고 성문을 몰래 열어 두겠습니다.
> 조 장군님이 군사를 이끌고 성 안으로 들어와 복양성을 점령하십시오.

"내일 밤, 여포가 성을 비운단 말이지?"

조조의 질문에 전씨의 부하가 대답했어.

"예, 제가 두 귀로 그 말을 똑똑히 들었습니다."

"그래? 으흠."

조조가 머리를 갸웃거렸어. 조조는 원래 의심이 많아. 아무리 명문 귀족 전씨가 보낸 편지라고 해도 완전히 믿지 않았어.

그래서 다음 날, 조조는 군사를 둘로 나누어 복양성을 공격했어. 만약 한쪽이 공격당하더라도 다른 쪽이 구할 수 있도록.

밤이 되자, 성문 위에서 누군가 깃발을 흔드는 거야.

"앗, 전씨의 신호 아니냐?"

아니나 다를까, 잠시 후 스르르 성문이 열렸지. 조조는 군사를 이끌고 복양성 안으로 들어섰어.

그런데 이게 무슨 일이지? 복양성 안에는 개미 한 마리 보이지 않고 완전히 텅 비어 있었어. 그 순간, 성문이 쾅 소리를 내며 닫히더니, 성벽 위로 활을 든 군사들이 나타나 조조를 향해 화살을 겨누는 게 아니겠어?

"이런! 속았구나!"

조조는 원통한 표정을 지었어.

"크하하하! 이놈 조조야, 넌 독 안에 든 쥐다. 오늘 네놈의 제삿날인 줄 알아라."

성 밖으로 나갔다던 여포가 나타나 가소롭다는 표정으로 비웃었어.

"쏴라! 조조를 죽여라!"

그 순간 사방에서 화살이 비 오듯 쏟아졌어.

사실 전씨가 보낸 편지는 가짜였어. 조조를 복양성 안으로 불러들이기 위해 진궁이 가짜 편지를 썼던 거야.

화살을 맞은 조조의 군사들은 픽픽 쓰러졌어. 여포의 군사들은 지붕 위에서 나뭇가지에 불을 붙여 던지기도 했어. 조조 군은 제대로 서 있기도 힘들었지.

"와아! 와아아아아!"

곳곳에서 여포 군의 함성이 울렸어.

조조의 군사들이 조조에게 매달렸어.

"장군님, 살려 주십시오!"

"설마 저희만 두고 가시는 건 아니지요?"

하지만 조조는 뒤도 돌아보지 않고 성문 쪽으로 달아났지.

여포의 군사들이 조조를 잡기 위해 쫓아왔어. 앞에는 불바다, 뒤에는 여포의 군사들로 에워싸이자, 조조는 도망칠 길이 없었지.

"내가 여기서 죽을 줄 아느냐?"

조조는 짧은 순간 그곳을 벗어날 꾀를 냈어.

"변장을 해야겠다!"

조조는 적의 눈을 피하려고 급히 갑옷을 벗어 던졌어. 그리고 죽은 여포의 병사 옷을 벗겨서 바꿔 입었지.

"넌 웬 놈이냐!"

조조를 발견한 여포의 부하가 창을 겨누며 물었어.

"저, 저는 복양성을 지키는 병사입니다."

"혹시 이쪽을 지나가는 사람을 보지 못했느냐?"

"아, 아니요!"

"조조가 올지도 모르니 성문을 단단히 지키고 있거라!"

여포의 부하는 그렇게 말하고는 사라졌어.

조조는 가슴을 쓸어내리며 한숨을 내쉬고는 불길을 뚫고 성문 밖으로 간신히 빠져나왔지.

조조가 가쁜 숨을 몰아쉴 때, 저 멀리서 누군가의 우렁찬 목소리가 들려왔어.

"조조를 잡으면 즉시 죽여라! 조조의 목을 베는 자에게는 큰 상을 내리겠다!"

여포가 적토마를 타고 달려오며 소리치는 것이었어. 잘못하면 목이 달아나겠구나 싶어 조조는 수풀 속으로 재빨리 몸을 숨겼어. 그렇게 깊은 밤의 어둠을 타고 도망쳐 간신히 진영으로 돌아올 수 있었지.

죽을 고비를 넘겼지만, 조조는 물러서지 않고 연주성 근처에서 여포와 다시 싸울 준비를 했어. 그런데 그때 여포 말고 또 다른 적이 다가오고 있었어.

위이이잉! 윙윙윙윙!

메뚜기 떼가 대륙의 이곳저곳을 새카맣게 뒤덮고 다니면서 뭐든지 다 뜯어 먹었던 거야. 어마어마한 메뚜기 떼가 덮치면 곡식이고, 풀이고, 나무고, 먹을 수 있는 모든 게 사라지고, 황폐한 땅만 남았어.

그러자 조조의 군사도 점점 식량이 떨어져 갔지.

여포보다 더 무서운 건 메뚜기였어. 조조는 어쩔 수 없이 여포에게 연주 땅을 내주고 군사들이 데리고 철수하고 말았어. 조조로서는 참으로 뼈아픈 일이었지.

유비, 관우, 장비 삼 형제가 머무르는 서주에서도 새로운 문제가 생겼어. 도겸이 심각한 병에 걸려 앓아눕고 만 거야.

"유 공, 나는 이제 살날이 얼마 남지 않았습니다. 내가 죽거든 부디 서주를 맡아 주십시오."

"무슨 소리를 하시는 겁니까? 얼른 나아서 서주를 다스리셔야지요! 쾌

차하실 것입니다."

유비는 그동안 한결같이 태수 자리를 거절했어. 그 이유는 서주를 다스릴 자신이 없어서도 아니고, 능력이 부족해서도 아니었어. 유비는 순수한 마음으로 서주를 구하러 온 것인데, 자기가 서주의 태수가 되면 욕심을 채우려고 서주에 온 것밖에 안 되기 때문이야.

"제발 서주의 백성을 위해……."

도겸은 그 말을 남긴 채 숨을 거두고 말았어. 도겸에게는 두 아들이 있었지만, 도겸은 아들들이 서주를 지키지 못할 거라 생각한 거야.

백성들은 도겸을 존경했기에 매우 슬퍼했어.

"유 장군님, 서주를 지켜 주십시오!"

서주의 신하들과 백성들마저 무릎을 꿇고 애원했어.

이렇게 되자 유비도 더는 거절할 수가 없었지.

"여러분, 걱정하지 마십시오. 제가 서주를 지키겠습니다."

"만세! 유 장군님 만세!"

이렇게 해서 유비는 서주의 태수가 되었어.

유비는 도겸의 장례를 마친 후, 도겸이 살아 있을 때 써 놓은 편지를 한나라 조정에 보냈어. 그 편지에는 유비를 서주의 태수로 임명해 달라는 글이 쓰여 있었지.

이때가 유비, 관우, 장비 삼 형제가 고향 유주를 떠난 지 어느덧 10년이 지난 시기였어.

한나라가 혼란에 빠져 있던 동안, 다른 제후들은 땅을 조금이라도 더 뺏기 위해 싸우고 또 싸웠지. 그러나 유비는 그런 욕심이 없었어. 오로지 천하가 평화롭고 백성이 걱정 없이 살 수 있기만 바랐어. 그러다 보니 큰 공을 세우고도 10년 동안 알아주는 사람이 없어서 힘도, 군사도, 돈도, 세력도 없었던 거야.

그런데 유비를 알아준 도겸 덕분에 유비는 드디어 서주라는 넓은 땅을 다스리는 태수의 자리에 오를 수 있었어.

견성에 머무르고 있던 조조는 유비가 서주 태수가 되었다는 사실을 듣고 길길이 날뛰며 화를 냈어.

"굴러온 돌이 박힌 돌을 뺀다더니, 유비가 무엇 때문에 서주의 태수가 되느냐! 내가 서주를 차지해야 하는데!"

조조는 자신의 것이라 믿었던 서주를 차지하지 못한 것도 화가 났지만 유비가 서주를 차지한 것이 더 문제라고 생각했어. 오래전 유비를 처음 보았을 때부터 유비에게서 남다른 위엄을 느꼈기 때문이야. 공손찬 아랫자리에 있었지만 공손찬보다 빛나 보이기도 했지. 조조는 유비에게서 영웅의 면모를 보았어. 그런 유비가 서주를 차지해 힘을 키운다면, 반드시 조조에게 큰 경쟁자가 될 것이라 여겼지.

조조는 당장이라도 서주로 쳐들어가려 했어. 그러나 순욱이 그런 조조를 말렸지. 여포가 호시탐탐 노리고 있으니, 견성을 비울 수는 없는 노릇이었지. 만약 서주로 갔다가 여포가 견성마저 차지하면 조조는 오갈 데 없는 신세가 될 수 있거든.

"에잇, 저 여포 놈을 어떻게 연주에서 몰아낸담?"

조조는 군사들에게 필요한 식량이 부족해서 매우 초조했어. 어떻게 해서든지 연주를 되찾지 않으면 안 되었지. 하지만 여포를 이기기에는 군사가 부족했어.

"뭔가 좋은 묘안이 없을까?"

끙끙 머리를 싸매고 고민하던 조조에게 머리가 뛰어난 책사 순욱이 새로운 작전을 제안했어.

"다시 한번 황건적을 이용해 보시면 어떻겠습니까?"

조조는 이미 청주에서 황건적을 자기 군사로 받아들여 백만 대군을 만든 경험이 있어.

"예주 여남 땅에 황건적들이 많은 식량을 빼앗아 보관해 놓고 있다고 합니다. 황건적 소탕에 성공하면 식량과 군사를 한번에 얻을 수 있습니다. 게다가 황건적을 없애면 백성들에게 마음을 얻을 것이고, 조정에서도 공을 인정할 것이며, 우리는 식량을 얻으니, 꿩 먹고 알 먹기, 아니 일석삼조가 아니겠습니까?"

"오호! 좋은 생각이다."

조조는 순욱의 계책을 받아들여, 군사를 이끌고 여남의 황건적들을 소탕하기 시작했어. 그러다가 황건적과 싸우던 의병들을 만나게 되었지.

그 가운데 허저*라는 인물이 있었는데, 대단한 힘과 무예 실력을 갖추고 있었어. 허저는 힘이 얼마나 센지 도망치는 소의 꼬리를 잡아서 끌고 올 정도였어. 조조는 허저의 능력을 알아보고 부하로 삼았어.

군사와 식량을 확보한 조조는 다시 연주성을 공격했어. 여포의 부하인 벽란과 이봉이 군사를 이끌고 나와 조조와 싸웠지만, 허저에게 목이 베이고 말았지.

조조는 여포 군을 계속 무찌르면서 여포가 있는 복양성에 다다랐어. 여포는 기세등등하게 군사를 이끌고 복양성 밖으로 나왔지.

"이 여포가 너희를 상대해 주마!"

허저가 창을 휘두르며 여포와 겨루었지만, 여포의 무예 실력은 역시 최고였어. 허저는 대적할 수가 없었지. 그러자 조조 밑의 다른 장수 다섯 명이 함께 달려 나와서 여포는 여섯 명과 동시에 싸워야 했어. 아무리 최고라지만, 여섯 명의 장수를 혼자 상대하기에는 벅찼지.

'이거 일단 후퇴해야겠군.'

여포는 일단 복양성으로 돌아가려고 했어. 그런데 이게 무슨 일이야?

쿠웅!

복양성의 성문이 닫혀 버리는 게 아니겠어? 성문 위로 한 사람이 고개를 내밀었어.

★ 황건적을 몰아내기 위해 마을 주민 수천 명으로 군사를 만들어 싸우다 조조를 만나 충직한 부하가 된다. 조조의 경호를 맡아 용맹을 떨친다.

"넌 전씨 아니냐?"

"여 장군, 조 장군에게 항복하시오."

전씨를 본 여포는 길길이 날뛰었어.

"내가 왜? 전씨, 이 배신자!"

한가하게 화낼 때가 아니었어. 성 밖에 있는 여포를 잡으려고 조조의 군사들이 밀어닥쳤거든.

여포는 어쩔 수 없이 도망치고 말았지. 전씨는 조조에게 성문을 활짝 열어 주었어. 이렇게 조조는 여포에게 빼앗겼던 복양성을 되찾았을 수 있었어.

전씨는 복양성에 사는 명문 귀족인데, 지난번 여포가 전씨를 계략에 이용해 조조를 함정에 빠뜨렸거든. 하지만 이번 일로 조조는 전씨를 용서해 주었어.

조조에게 쫓겨난 여포는 갈 곳을 잃고 말았어. 군사들은 뿔뿔이 흩어져 세력마저 약해졌지. 여포는 기주의 원소에게 자기를 받아 달라는 편지를 보냈어.

그런데 여포는 두 명의 아버지를 살해한 배신자로 찍힌 상태라서, 언제 또 배신할지 모른다는 소문이 파다했어. 원소는 여포를 받아 주기는커녕 차라리 이 기회에 여포를 없애 버리는 게 낫겠다고 생각하고, 5만 명의 군사를 보내 조조와 손을 잡고 여포와 싸우기로 했어.

"아, 천하 최고의 무예 실력을 갖춘 나를 받아 주는 사람이 한 명도 없구나!"

여포는 절망에 빠져서 탄식했어.

"장군, 우리를 받아 줄 자가 한 명 있습니다."

진궁이 나서며 말했어.

"그 사람이 누구냐?"

"서주 태수 유비입니다. 유비의 성품이라면 우리를 거절하지 않을 것입니다."

진궁의 말에 여포는 망설였어. 유비가 자신을 받아 주지 않을 거란 생각이 들었던 거야.

"아닙니다. 유비는 어진 사람이니 우리의 사정을 잘 설명하면 받아 줄 것입니다."

"과연 그럴까?"

여포는 망설이다가 편지를 먼저 보낸 뒤 서주로 향했어.

여포의 편지를 본 장비는 길길이 날뛰었어. 장비는 여포와 겨뤄 본 적이 있었거든.

"형님, 여포를 절대 도와주지 마십시오. 그놈은 은혜를 원수로 갚는 놈입니다!"

"제 생각도 마찬가지입니다."

관우도 여포를 받아 주면 안 된다고 나섰지. 유비가 입을 열었어.

"나는 여포를 받아 줄 것이다."

"형님!"

유비는 여포를 모른 척할 수가 없었어. 궁지에 몰린 사람을 도와주는 것이 군자의 도리라고 생각했던 거야.

여포가 군사를 이끌고 서주에 도착했어. 유비와 관우, 장비는 성 밖으로 마중 나와 여포를 맞았지. 여포는 공손한 척하며 유비한테 인사를 했어.

"받아 주어서 고맙소. 나와 손을 잡고 조조와 싸웁시다!"

"흥, 조조에게 쫓겨 여기까지 왔으면서 무슨!"

여포의 말에 장비가 코웃음을 쳤어.

"장비야, 말을 조심해라."

유비가 말렸어. 여포는 장비의 비웃음에 본색을 드러내 거들먹거리기 시작했어.

"뭐, 사실 따지고 들자면, 지금 아우가 서주 태수가 된 것도 내 덕분이 아니오?"

"그게 무슨 소리야?"

장비가 물었어.

"내가 조조의 연주를 공격해서 조조가 서주를 공격하다 말고 연주로 돌아간 것이 아니오. 그러니까 결국 내 덕분에 유비 아우가 서주의 태수가 될 수 있었던 것 아니겠소? 으하하하! 말하자면 아우는 내 은혜를 입

었단 말이지."

"뭐라고? 이 못된 놈아! 우리 유비 형님은 황실의 후손이다. 그런데 아우라고?"

장비가 씩씩거리며 여포에게 달려들었어. 둘은 금방이라도 싸움이 붙을 기세였지. 그때 험악해진 분위기를 풀며 유비가 대신 사죄했어.

"여 장군님, 제 아우가 잘못했습니다. 대신 용서를 빌겠습니다."

유비는 여포에게 당분간 소패성에서 머물며 쉬라고 했어. 식량은 모두 자기가 마련하겠다고 했지.

"내가 아우의 얼굴을 봐서 오늘 일은 용서해 주리다."

여포는 거만하게 행동하며 군사들을 이끌고 소패성으로 갔어.

천하제일 배신자인 여포는 과연 유비를 배신하지 않을까? 또다시 은혜를 원수로 갚는 건 아닐까?

제10장

황제를 손아귀에 넣은 조조

   한나라의 조정은 더욱 썩어 가고 있었어. 이각과 곽사가 권력을 마구 휘두르며 백성들을 괴롭혔거든. 설상가상으로 메뚜기 떼가 덮치면서 땅은 황폐해지고, 심한 가뭄마저 들어 백성들은 굶주림에 허덕였어.

   한나라의 황제인 헌제는 나이가 겨우 열세 살이었어. 이각은 헌제와 황후와 신하들을 강제로 장안 서쪽에 있는 미성이란 작은 성으로 끌고 가 가둬 버렸어.

   이각은 신하들에게 밥을 주지 않고 굶기는가 하면, 황제에게는 식사로 썩은 고기를 주기도 했어. 황제는 눈물을 흘리며 슬퍼했지만, 이각과 곽사를 몰아낼 방법이 없었지.

   이각과 곽사는 황제에게 다시 미성을 떠나 낙양에 있는 흥농성으로 옮기라고 했어. 황제는 시키는 대로 신하와 일행을 이끌고 흥농으로 향했어.

   그런데 이건 이각과 곽사의 계략이었지. 군사를 이끌고 이동 중인 황제를 습격해서 죽이려고 한 거야. 황제는 마차를 버리고 간신히 작은 나룻배를 타고 도망쳐야 했어. 이각과 곽사의 추격병들이 계속 쫓아왔지.

황제는 머나먼 길을 돌고 돌아 낙양에 도착했어. 낙양은 예전의 화려했던 모습이 사라지고, 풀이 무성한 폐허가 되어 있었어. 동탁이 낙양을 떠나며 불을 질렀기 때문이야. 잡초와 깨진 기와 더미 사이에 선 황제는 너무 막막했어.

"주공, 어서 빨리 황제 폐하를 이곳으로 모셔 와야 합니다."
조조의 책사 순욱이 조조에게 말했어.
"왜 그래야 하는가?"
"지금 황제 폐하께서는 황폐한 곳에 계십니다. 황제 폐하를 모셔 오면 주공께서는 백성들의 마음을 얻을 것입니다. 또한 다른 자가 천하를 가지려 해도 황제 폐하가 이곳에 있는 이상 가질 수가 없을 것입니다."
순욱의 말을 받아들인 조조는 군사를 이끌고 낙양으로 향했어.
황제를 만난 조조가 말했어.
"폐하, 저만 믿으십시오! 제가 폐하를 지켜 드리겠습니다."
"그것이 정말이오?"
어린 황제는 조조를 따라 길을 나섰어.
그런데 저 멀리 군사들이 새카맣게 달려오는 게 아니겠어? 황제를 죽이려고 군사를 이끌고 오는 이각과 곽사였어.

조조는 하후돈과 허저, 전위 같은 용맹한 장수를 보내 싸우게 했어. 날마다 흥청망청 술에 취해 놀고 먹던 이각과 곽사는 비실비실 힘이 없어 제대로 싸우지 못했지.

이각과 곽사의 군사들은 조조 군에게 보기 좋게 패했어. 간신히 목숨을 구한 두 사람은 산으로 도망쳤어. 그때부터 이각과 곽사는 산적이 되어 도적질로 목숨을 이어 나가는 신세가 되고 말았지.

황제는 자신을 구해 준 조조에게 승상이라는 높은 벼슬을 내려 주었어. 한나라의 모든 군대를 통솔할 수 있도록 권력을 준 거야. 하지만 조조는 황제를 모신 게 아니라, 황제를 자기 마음대로 조종했어. 황제에게 낙양에서 허창*으로 도읍지를 옮기라고 한 데다, 스스로 대장군 자리에 오르고, 자기 부하들을 주요 관직에 임명하면서 조정의 권력을 완전히 장악했지. 조정에 들어오는 모든 보고는 조조에게 먼저 보고된 후에 황제에게 들어갈 정도였어.

'이제 황제도 내 손에 들어왔으니, 천하의 중심은 내가 될 것이다.'

하지만 조조는 걱정스러운 게 한 가지 있었지.

여포가 서주의 유비와 손을 잡고 연주로 쳐들어오면 막기 힘들 것 같았어. 조조는 어떻게 하면 그 둘을 죽일까 방법을 궁리했어.

이때 책사 순욱이 좋은 꾀를 냈지.

★ 수도가 된 뒤 '허도'라고 불린다.

"제게 계책이 있습니다. 두 마리의 호랑이가 서로 잡아먹게 만드는 것입니다."

"어떻게?"

"유비는 서주의 태수가 되었지만, 황제 폐하가 정식으로 허락을 한 것은 아닙니다. 그러니 황제 폐하에게 부탁해서 정식으로 태수로 임명을 하면 어떨까요?"

"그런 다음은?"

"유비에게 여포를 죽이라고 명하는 것입니다."

"오호! 유비와 여포가 서로 잡아먹게 만든다?"

조조는 당장 황제에게 달려가 임명장을 받고, 편지를 썼지.

임명장과 편지는 곧장 유비에게 전달되었어. 장비는 유비가 정식으로 서주 태수가 되었다고 매우 기뻐했어. 그런데 유비의 얼굴은 그다지 밝지 않았어.

"서주의 태수 자리를 내리는 대신 여포를 죽이라고 하는구나."

유비는 편지를 읽으며 근심스러운 표정을 지었어. 그러자 성미 급한 장비가 불쑥 나섰지.

"형님, 망설일 것이 무엇입니까! 당장 여포를 죽이고 벼슬을 받읍시다. 의리라곤 없는 놈은 빨리 없애 버리는 게 좋아요."

"어허, 침착하거라."

유비는 장비에게 엄한 목소리로 말했어.

"내 생각에 이것은 조조의 계략일 것 같다. 그러니 여포를 공격하기보다는 차라리 힘을 합치는 것이 좋겠다."

유비는 당장 여포를 찾아갔어. 그리고 조조가 보낸 편지를 보여 주면서 말했지.

"아무래도 조조가 황제를 꾀어서 이런 편지를 쓰게 한 것 같습니다."

편지를 본 여포는 유비에게 감사하다고 했어.

"역시 아우가 나를 이렇게 생각해 주다니, 정말 고맙소!"

"걱정하지 마십시오. 여 장군이 소패성에 있는 동안은 우리가 지켜 드리겠습니다."

이렇게 두 호랑이가 서로 잡아먹도록 하자는 순욱의 계략은 실패로 끝났어.

순욱은 두 번째 계책을 내놓았어.

"이번에는 늑대를 이용해 호랑이를 잡는 것입니다."

순욱은 유비를 이용해 원술을 잡는 방법을 알려 주었어. 유비는 늑대, 원술은 호랑이였지. 조조는 이번에는 황제의 이름으로 유비에게 편지를 보냈어. 편지에는 원술을 공격하라는 명령이 담겨 있었지.

"형님, 조조의 말을 믿지 마십시오. 조조는 또 다른 함정을 파 두었을 것입니다."

관우가 신중한 목소리로 말했어.

"내 생각도 그렇다. 하지만 이번에는 황제가 직접 한 명령이다. 황제의 명령을 거역할 수는 없으니, 남양으로 가야겠다."

유비는 관우와 함께 원술이 있는 남양으로 출전할 계획을 세웠어.

"형님들, 걱정하지 마시오, 이 장비가 서주를 지키고 있을 테니!"

"장비야, 절대 술을 함부로 마셔서는 안 된다. 너는 술에 취하면 앞뒤를 가리지 않고 남과 싸우려 하는 습관이 있으니 참아야 해."

"아휴, 이제부터 술은 한 모금도 마시지 않겠습니다!"

유비는 내키지 않는 걸음으로 3만 명의 군사를 이끌고 관우와 함께 원술이 있는 남양으로 떠났어.

원술도 가만히 기다리고 있지는 않았어. 유비가 쳐들어오고 있다는 소식을 듣고는 즉시 출격 명령을 내렸지.

"이번에 아예 유비를 없애고 서주 땅을 차지해야겠어."

원술은 부하 기령*에게 20만 대군을 끌고 가서 서주를 점령해 버리라고 했어.

유비 군 3만 명과 원술 군 20만 명은 회음이라는 곳에서 맞붙었어. 유비 군은 수가 적어 원술 군에게 상대가 되지 않을 것 같았지만, 유비 군에는 관우가 있었지. 관우는 청룡언월도를 휘두르며 적을 몰아붙였어. 그 기세를 타고 유비 군이 원술 군을 계속 격파했어. 패배한 원술 군은 뿔뿔이 흩어졌지.

★ 원술 휘하의 장수. 유비 군과 여러 번 싸우지만 나중에 여포의 꾀에 빠져 억지로 화해하게 된다.

한편, 서주성에 홀로 남은 장비는 부하들에게 술을 가져오라고 명령했어. 장비는 벌컥벌컥 술잔을 들이켰어.

"자, 장군, 술을 마시면 어떡하십니까!"

"걱정하지 마라. 오늘만 마실 것이니!"

그 모습을 본 조표라는 관리가 장비를 다그쳤어.

"어허, 사내는 한 입으로 절대 두말하지 않는 법이라 하였는데, 태수님과 한 약속을 잊으셨습니까?"

그러자 술에 취한 장비는 조표에게 호통을 쳤어.

"내가 계속 술을 마시겠다고 했느냐? 오늘만 마신다고 했잖아!"

"하지만!"

"어허, 말이 많구나!"

장비는 군사들에게 일러 조표에게 곤장 50대를 치라고 명령했어.

곤장을 맞게 된 조표는 억울하고 분해서 견딜 수가 없었지. 이를 바득바득 갈던 조표는 여포에게 몰래 편지를 보냈어.

"크크크, 장비는 술에 취했고 관우와 유비는 성에 없다고?"

여포는 지금이야말로 서주성을 차지할 기회라고 생각했지. 깊은 새벽, 여포의 군사들이 서주성으로 쳐들어왔어. 술에 취한 장비는 여포의 군사들이 쳐들어오는 것도 모르고 깊은 잠에 빠져 있었어. 그 틈에 여포의 군사들이 성을 에워싸 버렸지.

"장군, 일어나십시오!"

군사들이 서둘러 장비를 깨웠어. 간신히 눈을 뜬 장비는 여포와 싸우려고 했지만, 술에 취해 정신이 몽롱해서 제대로 싸울 수가 없었어. 장비는 어쩔 수 없이 성을 버리고 부랴부랴 도망치게 되었지.

"크, 큰일이다. 서주성을 여포에게 빼앗겼어!"

장비는 어떻게든 여포를 물리치고 서주성을 되찾을 방법을 궁리했어. 하지만 서주성의 성문은 이미 굳게 닫혀 버린 상태였지. 장비는 하는 수 없이 유비와 관우가 있는 회음으로 달려갔어.

"형님, 저를 죽여 주십시오!"

유비를 만난 장비는 울음을 터트렸어.

"다, 다른 사람들은? 형수님들은 어떻게 되었느냐?"

관우가 물었어.

"여포가 서주성을 차지하는 바람에…… 크흑! 형수님들은 아직 서주성에 계십니다."

유비는 아내들이 여포에게 잡혔다니 큰 충격을 받았지.

"형님들, 저를 용서하지 마십시오."

장비는 칼로 자신을 찌르려 했어. 그러자 유비가 깜짝 놀라서 말렸지.

"장비야, 우리가 한날한시에 죽기로 맹세한 의형제라는 걸 잊은 것이냐? 네가 죽으면 어찌하느냐!"

"하지만 제가 너무 큰 죄를 지었습니다! 저 때문에 형수님들이 여포의 인질이 되고 말았잖습니까?"

장비는 스스로 죽어 용서를 빌겠다며 눈물을 흘렸어.

"옛말에 형제는 수족과 같다고 하였다. 네가 죽으면 나는 팔을 잃는 것이나 마찬가지다. 팔을 잃은 장수가 어찌 싸우겠느냐?"

"하지만 형님!"

"기다려 보자. 언젠가 때가 오면 가족을 다시 만날 수 있을 것이다."

유비는 장비의 눈물을 닦아 주었어.

여포의 군사들이 공격해 와서 유비는 더는 원술이 있는 남양으로 진격할 수 없었어. 돌아갈 곳이 없는 유비는 군사들과 함께 험한 산길로 도망쳐야만 했어.

원술은 여포가 서주성을 차지했다는 소식을 듣고 웃음을 터트렸어.

"크크크, 황족이랍시고 잘난 체하는 유비 녀석의 코를 납작하게 만들어 주었군!"

원술은 여포에게 사자를 보내 유비를 공격해 달라고 부탁했어. 원술은 유비가 자신을 공격하려 했던 걸 생각하며 이를 바득바득 갈았지. 비록 그 일을 꾸민 건 조조였지만, 유비도 용서할 수 없다고 생각한 거야.

"흥, 나더러 유비를 죽여 달라고? 내가 왜?"

여포가 시큰둥한 반응을 보이자, 원술의 사자는 유비를 죽여 준다면 쌀 5만 석과 말 500필, 그리고 금 2만 냥을 주겠다고 약속했지.

그 말에 여포의 눈이 번쩍거렸어.

"정말 유비의 목을 가져다주면 그것을 다 준단 말이지?"

"그렇다니까요!"

"좋아, 당장 군사를 일으켜라!"

여포는 유비를 치기 위해 군사 5만 명을 데리고 갔어. 하지만 그사이 유비는 회음을 떠나 남쪽 광릉 땅으로 옮겨 가 있었지. 여포는 추격하는 것을 멈췄어.

"비록 유비의 목을 가져다주지는 못했지만, 군사들을 움직였으니 약속

한 재물의 반이라도 내놓으시오!"

여포는 원술에게 쌀과 말을 달라고 소리쳤어. 하지만 원술은 들은 척도 하지 않았지.

"내가 왜 그것을 내줘야 하지? 받고 싶은 게 있거든 유비의 목을 가져오라고!"

"에잇!"

여포는 분해서 이를 갈았어.

'원술 저놈이 나를 우습게 보는 게 틀림없다!'

이때 여포의 책사인 진궁이 조언했어.

"차라리 유비와 화해하고, 유비를 서주로 불러들이면 어떻겠습니까?"

"뭐라고? 진궁, 유비를 내 손으로 서주에서 내쫓았다."

"유비를 불러들여 같은 편으로 손을 잡은 뒤 원술을 공격해서 없애 버

리고, 나중에 원소까지 없애면 천하의 주인이 될 것입니다. 원술의 힘은 막강합니다. 게다가 그는 원소의 동생이니 언제든 원소까지 끌어들일 수 있습니다. 차라리 유비와 화해하는 척 손을 잡으십시오."

"유비가 내 사과를 받아 주겠어?"

진궁은 그런 걱정이라면 할 필요가 없다고 말했어.

"먼저 잘못을 한 것은 장비가 아닙니까? 그러니 장비를 물고 늘어지면 유비는 화해를 받아 줄 것입니다."

"그런 다음에는?"

"유비가 원술을 칠 때까지 기다렸다가 그들의 힘이 약해지면 그때 다시 공격하십시오."

"오호, 그러면 원술도 잡고, 유비를 잡는 것도 식은 죽 먹기겠군!"

여포는 당장 유비에게 화해하고 싶다는 편지를 보냈어.

"뭐라고? 우리에게 서주로 다시 돌아오라고?"

여포는 편지에 "장비가 술을 마시고 사람을 때렸다는 말에 서주가 걱정되어 잠시 맡아 두고 있었을 뿐"이라고 썼어.

여포는 자신의 진심을 알아달라며 인질로 붙잡고 있던 유비의 아내들도 무사히 돌려보내겠다고 했어. 장비는 여포의 말을 믿으면 안 된다고 길길이 날뛰었지만, 유비는 군사들이 고생스럽게 떠돌아다니는 게 너무 안타까워 결국 서주성으로 돌아가기로 결정했어.

"아우, 서주를 돌려주겠소. 난 잠시 맡아 두고 있었을 뿐이오. 오해하지 마시오."

"여 장군, 서주는 장군 같은 분이 다스리는 게 좋겠습니다. 장군이야말로 영웅입니다."

유비는 여포에게 오히려 고개를 숙였어.

"크허허, 그렇다면야 서주는 내가 맡고, 아우는 소패성에 머무르게 해 드리지."

여포의 말에 장비는 두 눈을 부릅떴어.

"뭐? 서주는 원래 우리 형님이 다스리던 곳이야!"

"싫으면 나가시든가."

여포의 말에 장비는 움찔하고 말았어.

"아직은 때가 아니다. 소패성에서 실력을 기르며 기다리자."

유비는 장비를 위로하며 이렇게 말했지.

여포와 유비가 다시 손을 잡았다는 소식이 조조의 귀에 들어갔어.

"순욱, 늑대를 이용해 호랑이를 잡는 계책도 실패로군."

"유비가 서주로 돌아갈 것이라곤 생각하지 못했습니다. 욕심이 그렇게 없는 사람이 이 세상에 있다니! 유비는 마음속의 깊이를 짐작할 수 없는 사람입니다."

조조는 욕심이 없는 사람이 가장 두려울 수 있다고 생각했어.

제11장

원술을 속인 손책

　열일곱 살의 소년이 울고 있어. 한때 아버지를 따라 전쟁터를 누볐던 용맹한 소년이었지만, 지금은 아버지가 적에게 죽고, 외삼촌에게 모든 걸 다 빼앗기고 말았어. 소년의 이름은 손책이야. 강동의 호랑이 손견의 아들이지. 아버지가 현산 계곡에서 여공에게 죽임을 당한 뒤 손책과 가족들은 살 곳조차 마땅치 않았어.

　'이럴 바에야 차라리 원술에게 가자.'

　원술은 손책을 기꺼이 받아 주었어. 하지만 모든 일에는 대가가 따르는 법이었지. 원술은 툭하면 손책에게 다른 지역을 공격하고 오라고 명령했어. 손책은 목숨을 걸고 전투에 나가 싸워야만 했어.

　그날도 손책은 원술의 명령으로 여강성을 지키고 있는 육강을 공격하고 돌아온 참이었지. 잔치를 벌이고 있던 원술은 손책이 돌아오자 술 한 잔을 던지듯 내주었어.

"이거나 먹고 들어가거라."

손책은 자신의 신세가 처량하다는 생각이 들었어. 여강성을 함락시키고 왔는데 찬밥 취급을 받았으니 당연하지.

그날 밤, 손책은 하늘을 바라보며 깊은 한숨을 내쉬었어. 그 모습을 본 여범*이 곁으로 다가가 물었지.

"무슨 일로 그리 근심하십니까?"

"원술의 눈치만 보고 있는 내 신세가 답답해서 그럽니다."

"원술에게 군사를 빌려달라고 하십시오. 그런 다음 강동으로 가서 외삼촌에게 빼앗긴 것들을 되찾으셔야 합니다."

"원술이 나에게 군사를 내줄 리가 있겠습니까?"

"제게 좋은 생각이 있습니다. 원술은 욕심이 많은 사람입니다. 그가 탐낼 만한 물건을 쥐여 주면 틀림없이 군사를 빌려줄 것입니다."

"아니, 어떤 물건을 내준단 말입니까?"

"옥새입니다."

"오, 옥새! 하지만 그건 아버님께서 목숨을 걸고 지킨 귀한 물건인데!"

손책이 망설이자 여범이 말했어.

"지금은 원술의 손아귀에서 탈출하는 것이 먼저입니다."

★ 원래는 원술의 책사였지만, 손책을 도와 강동을 되찾고 다스리는 일을 도맡아 했다.

"알겠소!"

손책은 그길로 원술을 찾아갔어. 그리고 외삼촌이 곤경에 처해 있어서 도와주고 싶으니, 군사를 빌려달라고 부탁했지.

그 말을 들은 원술은 코웃음을 쳤어.

"내가 그렇게 해야 하는 이유는 무엇인가?"

"저를 믿고 군사를 내주신다면 반드시 보답하겠습니다."

"보답? 무얼로?"

손책은 원술에게 옥새를 보여 주었어.

"장군께 이 옥새를 맡기겠습니다."

그 순간, 원술의 두 눈이 커졌어. 손견이 낙양의 우물에서 옥새를 발견했다는 소문이 사실이었던 거야.

원술은 옥새만 있다면 황제 못지않은 권력을 차지해 천하의 주인이 될 수 있을 거라고 생각했어.

"그래! 그래야지! 내가 군사 3천 명과 말 500필을 내줄 테니 강동으로 가시게."

원술은 손책에게 군사를 흔쾌히 내주었어.

그 덕분에 손책은 군사를 이끌고 강동으로 돌아갈 수 있게 되었지. 손책의 뒤를 아버지 손견의 부하였던 황개, 정보, 한당 등의 장수들이 따랐어.

손책에겐 또 한 가지 행운이 따랐어. 바로 뛰어난 지략을 가진 책사 주

유*가 손책 곁에 있기로 한 거야.

주유는 어렸을 때부터 손책의 친구였어. 손책의 어머니는 주유를 친자식처럼 아꼈지. 주유는 병법에도 능하고 앞날을 내다보는 비범한 재주를 지닌 사람이었어. 손책은 주유와 군사들을 거느리고 당당하게 아버지의 땅 강동으로 돌아갈 수 있었지.

주유라는 지략가를 얻은 손책은 군사 3천 명으로 양주의 유요가 이끄는 대군과 맞붙게 되었어.

"와, 와, 와아아아!"

손책 군은 맹렬하게 싸웠지만, 유요 군을 당해 낼 수 없어 이리저리 밀렸어. 그런데 손책이 대범하게 유요의 중심 지역을 기습해 빼앗으면서 전투 상황을 역전시켰어.

기세를 잡은 손책은 계속 진격해서 유요의 군사를 완전히 쓸어버렸어. 유요는 군사의 절반을 잃어버린 채 형주의 유표에게 도망쳤지. 이 놀라운 싸움이 천하에 소문이 나면서 손책은 명성을 떨치게 되었어.

손책은 군사들이 절대로 백성을 괴롭히지 못하게 하고, 백성을 위한 일을 많이 했어. 그러자 손책이 가는 길마다 백성들이 환호를 했지.

"소패왕이다! 손책은 소패왕이다!"

소패왕은 '작은 패왕'이라는 뜻이야. 패왕은 제후들 중 최고라는 뜻이

★ 손책을 도와 강동에 자리를 잡도록 지혜를 빌려주는 책사 역할을 한다. 훗날 적벽대전에서 조조의 군사를 대파하여 승리로 이끈다.

니까 대단한 칭찬이지.

소문을 듣고 천하의 인재들이 하나둘 손책을 찾아오기 시작했어. 3천 명에 불과했던 손책의 군사는 어느새 수만 대군으로 늘어났어.

손책은 쉬지 않고 전투를 치르면서 장강 일대의 강남, 강동 81주를 차지하게 되었지. 아버지 손견이 이루지 못한 천하통일을 이루려는 또 한 명의 영웅이 탄생하는 순간이었어.

손책은 비록 열일곱 살의 소년이었지만, 누구도 함부로 대할 수 없는 막강한 힘을 가지게 되었어.

"과연 그 아버지에 그 아들이로구나!"

"아니지, 손견보다 손책이 더 뛰어난 것 같아!"

백성들도 모두 손책을 우러르며 따랐어.

그러자 손책은 원술에게 넘겨준 옥새가 떠올랐어. 만약 그것만 갖고 있다면 더 강한 힘을 쥐게 될 거라는 생각이 들었던 거야.

"흠, 원술에게 내가 맡긴 물건을 돌려달라고 해야겠어."

손책은 원술에게 사신을 보내 옥새를 돌려달라고 했어. 물론 원술은 돌려줄 생각이 없었지.

"고얀 놈, 내 밑에서 눈치만 보던 것이 엊그제 같은데!"

"장군, 지금 손책은 막강한 힘을 지니고 있습니다. 그를 공격하려면 우리에게도 더 큰 힘이 필요합니다."

"무슨 좋은 생각이 없느냐?"

원술의 말에 부하 중 한 장수가 말했어.

"여포와 손을 잡으면 어떨까요?"

"여포는 유비와 손을 잡고 있잖아. 유비는 황제의 명령을 받고 나를 공격하려는 녀석이고!"

"여포에게 지난번에 약속한 쌀과 말, 금화를 보내십시오. 그러면 여포는 언제 그랬냐는 듯 우리 편에 설 것입니다."

"과연 그럴까?"

원술은 당장 여포에게 쌀 5만 석과 말 500필, 금화 1만 냥을 보내 주었어. 그리고 기령에게 군사 10만 명을 끌고 가서 여포가 유비를 공격하는 것을 도우라고 명령했어.
　"훗, 그러도록 하지."
　여포는 원술의 제안을 받아들였어.
　소패성에 머물고 있던 유비는 여포가 자신을 공격하려고 한다는 소식을 듣고 깜짝 놀랐어.

"여포가 원술이 보낸 10만 대군을 이끌고 곧 우리를 공격하려 한다는구나!"

"여포, 이 비겁한 놈!"

장비가 분해서 소리쳤어.

유비는 10만 대군을 이길 방법이 전혀 없었어. 군사도 많지 않고, 식량마저 부족했지.

"흥분하지 마라. 지금은 다른 방책을 생각해야 한다."

유비는 차분히 생각에 잠기더니, 한참 뒤 관우와 장비를 향해 말했어.

"여포를 만나야겠다. 지금 그가 원술에게 속고 있다는 사실을 알려 줘야 해."

"여포가 속고 있다고요?"

"그래, 여포가 우리를 공격하고 나면 원술은 다시 여포를 공격할 것이다. 원술은 처음부터 여포를 없애고 싶어 했으니까."

유비는 이번 일이 원술의 계략이라는 걸 알리고자 여포에게 편지를 썼어.

그 편지를 본 여포는 이를 악물었지.

"그럼 그렇지! 그 교활한 원술이 나에게 그냥 선물을 주었을 리가 없지! 아, 원술이 보낸 쌀 5만 석과 말, 금화를 내가 차지하면서 유비와도 지금처럼 잘 지내려면 어떡해야 하나!"

그렇게 한참 고민하던 여포는 좋은 생각이 떠올랐어.

"여봐라, 당장 술상을 크게 차려라!"

"예?"

여포의 명령을 받은 부하 장수들은 당황한 표정을 지었지.

"어서 술상을 차려라. 그리고 기령과 유비를 초대하라!"

"그 두 사람을 한자리에 부르겠다고요? 두 사람은 서로 적이 아닙니까?"

"그래, 나한테 다 묘안이 있느니라!"

여포가 싱긋이 웃으며 대꾸했어.

제12장

여포의 꾀

유비는 술자리에 초대하겠다는 여포의 편지를 받았어. 원술의 계략을 자세히 설명하고 대책을 세우고 싶었던 유비는 관우, 장비와 함께 여포가 있는 곳을 찾아갔어.

그런데 술자리에 간 삼 형제는 깜짝 놀랐어. 여포가 원술의 명령으로 10만 대군을 끌고 온 기령도 술자리에 불렀던 거야.

"저들은 기령과 부하들이 아니냐?"

"우리가 함정에 빠진 건가 봅니다."

"여포 이놈이!"

유비와 관우, 장비는 기령을 향해 칼을 빼어 들었어.

놀란 건 기령도 마찬가지였어. 기령과 부하들도 칼을 빼어 들고 당장이라도 싸우려고 했지.

"여 장군, 어찌 이 자리에 기령을 부른 것입니까?"

유비가 두 눈을 크게 뜨며 소리쳤어.

"장군, 우리가 선물을 준 목적이 무엇인지 잊은 것입니까? 유비를 없애 달라고 그 많은 선물을 드린 것이 아닙니까! 어쩌자고 이 자리에 유비를 함께 부른 것입니까?"

기령도 항의하듯 큰 소리로 외쳤지.

칼을 빼어 든 양쪽이 대치한 위기일발의 상황이었지만 여포는 아랑곳하지 않았어. 그는 태연한 표정으로 유비와 기령에게 칼을 거두고 술잔을 받으라고 권했지.

"오해하지 마시오. 여러분의 화해를 위해 마련한 자리입니다. 진정하고 앉아서 한잔합시다."

"……화해라고요?"

유비는 당황해서 얼굴을 붉혔어.

"서로 화해하시지요!"

기령도 말도 안 된다는 표정을 지었지.

"여포! 지금 우리를 뭐로 보고 화해를 하라는 것이냐? 우린 아무 잘못도 없는데 원술이 우리를 죽이겠다고 군사를 움직인 게 아니냐? 형님, 역시 그때 저놈을 죽였어야 했소."

화가 난 장비가 씩씩거리며 소리쳤어.

그 순간 여포가 자리에서 몸을 일으키더니 옆에 서 있던 군사의 창을 빼앗아 날렸어.

여포가 던진 창은 150보*쯤 떨어진 기둥에 정확히 꽂혔어. 여포의 갑작스러운 행동에 모두 꿀 먹은 벙어리처럼 조용해졌지.

"자자, 나는 여러분이 싸우는 것을 바라지 않소. 내가 만약 활을 쏘아서 저 창의 끝부분을 정확히 맞힌다면 이건 하늘의 뜻이니 두 사람은 무조건 화해해야 하오."

"뭐라고요?"

싸우러 왔는데 화해를 하라니 기령은 기가 막혔어.

유비는 잠자코 있었지만 심각한 표정이긴 마찬가지였지. 여포의 무공이 아무리 뛰어나다고 해도 150보 밖에 있는 창의 끝부분을 화살로 맞힐 수는 없을 것 같다고 생각했어.

여포는 씨익 웃음을 지었어.

★ 약 180미터. '보'는 거리를 재는 단위로, 양발로 한 번씩 걸은 거리를 1보라고 한다. 1보는 약 1.2미터.

"만약 내가 실패하면 그땐 둘이 맘껏 싸우도록 하시오. 하지만 내가 성공하면 둘은 무조건 이 자리에서 화해하는 것이오!"

여포는 자신만만한 표정을 짓더니 한 손에는 활을 들고, 나머지 한 손으로 술잔을 움켜쥐더니 홀짝 술을 들이켰어.

"자, 갑니다!"

여포가 활을 힘껏 잡아당겨서 쏘자 화살은 쏜살같이 날아갔지.

탁!

여포가 쏜 화살은 창의 끝부분을 정확히 명중했어.

"와!"

여포의 뛰어난 활 솜씨에 놀라 모두 눈을 휘둥그레 떴지.

"자, 이건 하늘의 뜻이오. 이제 두 분은 화해하시오."

여포가 유비와 기령에게 말했어. 유비는 어쩔 수 없이 고개를 끄덕였어.

"좋습니다. 여 장군의 뜻대로 하겠습니다."

"그대는 어쩔 작정인가?"

유비의 대답을 들은 여포가 기령을 노려보았어.

기령은 원술이 나무랄 것을 생각하니 앞이 캄캄했어. 하지만 만약 여포의 말대로 화해하지 않는다면 이 자리에서 죽임을 당할 수도 있는 상황이었지.

"이, 일단은 군사들을 데리고 돌아가겠습니다."

기령은 여포에게 꼬리를 내리고 말았어.

기령은 빈손으로 원술에게 돌아갔어.

"뭐라고? 그냥 돌아왔다고?"

원술은 화가 나서 발을 동동 구르며 소리를 내질렀지.

"내가 보낸 쌀과 금은보화를 모두 여포에게 주었다면서! 그런데 왜 유비를 잡지 못한 것이냐!"

"그, 그것이……."

기령은 서주성에서 있었던 일을 모두 말했어.

"여포 그놈의 꾀에 넘어간 것이로군! 에잇!"

화가 난 원술은 이를 바득바득 갈았어. 그러면서 차라리 여포와 유비 모두를 공격해야겠다고 마음먹었지.

"당장 군사를 일으켜 여포와 유비를 모두 공격할 것이다!"

"안 됩니다. 만약 여포와 유비가 힘을 합친다면 어떻게 하실 작정입니까? 그러면 우리가 이길 수 없습니다. 여포의 실력이 어디 보통입니까? 거기다가 유비에겐 관우와 장비가 있습니다."

기령은 원술을 말렸어.

"에잇!"

원술은 이를 악물며 두 눈을 번뜩였지.

그때 기령이 한 가지 꾀를 생각해 냈어.

"이렇게 하면 어떻겠습니까? 여포에게는 딸이 하나 있습니다. 그 딸을 장군님의 아들과 혼인시키는 것입니다. 장군님이 여포와 사돈이 된다면 당연히 장군님의 편을 들겠죠!"

"오호! 좋은 생각이다!"

원술은 즉시 여포에게 자기 아들을 사위로 삼아 달라는 편지와 함께 엄청난 선물을 보냈어.

여포는 편지를 읽고 고민에 빠졌지.

"내가 원술과 사돈이 된다면…… 크크, 잘하면 이 나라를 내 손아귀에 넣을 수도 있겠군!"

원술의 가문은 대대로 이름난 명문가이니, 사돈을 맺는다면 큰 도움이 될 것 같았어.

여포의 딸은 아직 한참 어렸어. 하지만 여포는 원술과 손을 잡고 권력을 차지할 생각에 웃음을 지었지. 그때 진규*가 찾아왔어.

"무슨 일이냐?"

"장군님, 이건 함정입니다."

"함정?"

진규는 여포에게 원술의 아들을 사위로 얻어서는 안 된다고 말했어.

"원술은 스스로 황제가 되려는 욕심을 품은 자입니다. 그런 자와 사돈을 맺는다면 훗날 장군님도 위험에 처할 것입니다."

"에이, 설마 그러겠는가!"

"원술의 목적은 장군님과 사돈이 되는 것이 아닙니다. 그걸 이용해 장군님이 유비를 치게 만들고 소패성을 차지하려는 것입니다. 원술이 교활한 자라는 건 익히 알고 계시지 않습니까?"

진규의 말을 들은 여포는 그제야 원술이 또 한 번 자신을 속이려 한다는 걸 깨달았지.

★ 서주의 호족. 여포가 서주를 차지해 그의 휘하에 있게 되었다. 훗날 조조가 여포를 공격하려 하자, 아들 진등과 함께 조조의 편에 선다.

'원술 이놈, 참으로 늙은 여우로구나. 나를 끝까지 이용하려 들다니!'

화가 난 여포는 눈에는 눈, 이에는 이로 되갚아 주겠다고 다짐했어.

"좋다! 원술에게 사돈이 되는 건 생각해 보겠다고 답장을 하거라."

"네? 대체 어쩌시려고요?"

"사돈이 된다 해도 아직은 이르다고 해야지. 내 딸은 아직 어려서 결혼을 할 수 없으니까."

여포는 원술에게 사돈이 되겠다고 약속했어. 하지만 말만 그렇게 해 놓고 계속 혼인을 미루었지. 원술은 대체 언제쯤 자기 아들과 여포의 딸을 혼인시킬 것이냐고 따져 물었어. 하지만 여포는 느긋하게 콧방귀를 뀌었지.

"나중에 내 딸이 좀 더 크면 그때 결혼식을 올리겠소."

그렇게 시간이 계속 흘러갔어.

그러던 어느 날, 여포는 부하로부터 놀라운 소식을 듣게 되었어. 말을 사기 위해 떠났던 부하들이 강도를 만나 가진 돈을 모두 빼앗겼다는 것이었지.

여포는 감히 자기 부하를 건드린 놈이 누구냐고 소리쳤어.

"복면을 쓴 산적 같았는데, 그들의 대장 얼굴이 장비 같았습니다."

"장비? 소패성에 있는 장비가 감히 내 부하들을 공격했단 말이냐? 잘못 본 게 아니냐?"

"확실합니다. 목소리도, 몸집도, 눈썹도 영락없이 장비였습니다."

그건 사실이었어. 장비는 자기가 술을 마신 바람에 서주성을 빼앗긴 것이 늘 미안했어. 그래서 여포를 혼내 주려고 산적처럼 변장한 채 습격한 거야.

"용서 못 한다! 당장 뜨거운 맛을 보여 주마."

여포는 즉시 군사를 끌고 소패성으로 쳐들어갔어. 여포를 본 유비는 두 눈을 휘둥그레 떴지.

"여 장군, 여긴 어쩐 일이십니까?"

"유비, 이 은혜를 모르는 놈아! 원술이 쳐들어왔을 때 구해 줬더니, 감히 강도질을 해? 오늘이 제삿날인 줄 알아라!"

여포가 성 밖에서 소리쳤어.

"시끄럽다, 이 배신자 놈아! 너야말로 우리 형님에게 서주를 빼앗아 간 강도 아니냐?"

장비가 성 밖으로 달려 나오며 여포를 향해 장팔사모를 휘둘렀어. 여포의 방천극이 장팔사모와 부딪히며 쨍 소리를 냈어. 여포가 있는 힘껏 공격을 막았지만, 힘이 달릴 정도였지.

"헙!"

여포는 다시 기운을 모아 장비를 공격했어.

둘은 무려 200합 이상을 겨루었지만, 우열을 가릴 수 없었지. 그때 유비가 소리쳤어.

"장비는 무기를 거두어라!"

"혀, 형님!"

유비는 장비를 성안으로 불러들여 자초지종을 물었어.

"장비야, 여 장군이 이렇게 화가 난 이유가 무엇이냐?"

유비의 말에 장비는 고개를 푹 숙인 채로 변장을 하고 여포의 부하들을 공격한 일을 모두 털어놓았어.

"장군, 내 아우가 큰 잘못을 저질렀소. 당장 돈을 돌려드리고 용서를 빌겠습니다."

유비는 여포에게 진심으로 사과했지. 하지만 여포는 사과를 받을 마음이 없었어. 장비가 싸움을 걸어왔으니 소패성을 차지할 핑계가 생긴 거였지. 여포는 이참에 유비를 죽여 버리는 게 낫겠다고 생각했어.

"필요 없다! 모두 공격하라!"

여포의 명령에 소패성으로 화살이 소나기처럼 쏟아져 내렸어. 유비와 관우, 장비는 다급히 성안으로 피해야 했지.

사실 유비에게는 당장 여포의 군사들에 맞서 싸울 병사가 부족했어. 관우와 장비가 제아무리 실력이 뛰어나다 해도 혼자 힘으로 수만 대군을 상대할 수는 없을 테니까. 유비가 걱정스러운 한숨을 내쉴 때였어.

"형님, 차라리 도망갑시다!"

관우가 말했어.

"대체 어디로 도망을 간단 말이냐?"

"조조에게 도움을 청하는 건 어떻겠습니까?"

"그가 우리를 받아 줄까?"

"조조 정도는 되어야 여포의 위협을 감당할 수 있을 것입니다. 그리고 조조는 여포를 싫어합니다. 그러니 우리에게 도움을 줄 것입니다."

유비에게는 다른 방법이 없었어.

소패성은 여포의 군사가 꽁꽁 에워싸고 있었어. 관우와 장비는 제일 앞에 서서 여포의 군사들 사이를 마구 휘저으며 달려 나갔어. 여포의 군사들은 관우와 장비의 기세에 눌려 바다가 갈라지듯이 길을 내줄 수밖에 없었지.

유비는 부하를 보내 허도에 있는 조조에게 도움을 청했어. 조조는 어떻게 해야 할지 몰라 잠시 고민에 빠졌어. 아버지를 잃고 복수하기 위해 서주에서 유비와 맞선 적도 있었지.

서주에서 쫓겨난 유비를 돕는 것은 사람을 얻는 일일까, 경쟁자를 영웅으로 키우는 일일까?

순욱은 유비를 들여서는 안 된다며 반대했어.

"유비는 영웅이 될 사람입니다. 그의 인품이나 행동으로 보아 사람들의 존경을 받게 될 것이 틀림없습니다. 그런 사람을 곁에 두는 것은 불리합니다."

그러자 곽가*가 자기 생각은 다르다고 말했어.

"유비는 덕이 높기로 천하에 소문이 난 인물입니다. 유비를 죽게 내버려둔다면 이 또한 천하에 소문이 날 것입니다. 이 때문에 천하의 인재들이 주군께 오는 것을 두려워하게 될 수도 있습니다. 주군, 백성들에게 좋은 마음을 사야 천하를 얻을 수 있습니다."

조조는 곽가의 말을 듣고 유비의 부하에게 말했어.

"가서 전하여라, 곧장 허도로 오라고."

조조는 유비 일행을 맞아 정성스럽게 대접해 주었어.

"유 공, 내가 황제에게 아뢰어 유 공을 예주 태수로 임명하게끔 했소. 예주로 가서 백성들을 다스려 주시오."

"저희를 받아 준 것만으로도 감사한데 그런 자리까지 주신다니, 정말 큰 신세를 지게 되었습니다."

유비는 고마워 어쩔 줄을 몰랐어.

그 모습을 본 조조는 엷은 미소를 지었지. 예주는 서주와 소패에서 멀지 않은 곳에 있었어. 조조는 유비에게 예주를 그냥 내준 게 아니었던 거야.

'유비야, 내가 너를 받아 준 가장 큰 이유는 훗날 여포를 공격할 때 도움을 받기 위해서다.'

조조는 유비에게 군사 3천 명과 식량 1만 석을 주었어.

★ 순욱이 조조에게 추천한 책사. 죽을 때까지 조조를 섬기며 조언했다.

유비와 관우, 장비는 예주로 향했어. 유비가 예주 태수가 되었다는 소문이 나자, 뿔뿔이 흩어졌던 유비의 군사들도 다시 유비를 찾아왔어. 유비의 인자함이 사람을 불러 모았던 거야.

제13장

스스로 황제가 된 원술

그 무렵, 회남 땅에 머물고 있던 원술은 옥새를 내세워 스스로 황제가 되었어. 누구도 원술에게 황제가 되어 달라고 부탁한 적은 없어. 옥새를 손에 쥔 원술이 자신의 힘을 과시하며 스스로 황제가 된 거야. 황제가 되는 걸 반대하는 신하는 잔인하게 죽였어. 그러자 아무도 반대하지 못했지.

원술은 거창한 황제 즉위식도 열었어.

"크크, 이제 내가 천하의 황제가 되었으니, 여포도 내 아들과의 혼사를 거절할 수 없겠지! 여봐라, 여포에게 사람을 보내 딸을 태자비로 삼아 주겠다고 전하여라."

원술은 여포와 손을 잡고 유비와 조조를 모두 공격할 계획이었어. 원술은 여포에게 다시 사신을 보내 결혼을 서두르자고 했지. 하지만 여포는 여전히 원술의 말을 따를 생각이 없었어.

"흥, 혼자 북 치고 장구 치며 황제가 된 주제에 누구의 딸을 태자비로 삼겠다고 큰소리인 게야?"

진규는 여전히 여포에게 원술과 사돈이 되면 절대 안 된다고 반대했어. 원술은 천하의 역적인데, 사돈 사이가 되면 여포도 역적이 될 것이라고 설득했지. 여포는 진규의 말을 듣고, 원술이 보낸 사신을 칼로 베어 죽인 뒤 그 시신을 돌려보냈어.

이 사실을 알게 된 원술은 화를 참지 못해 얼굴이 붉으락푸르락했어.

"감히 이 황제의 제안을 거절해? 유비를 없애기 전에 여포 네놈부터 없애 주마!"

원술은 무려 20만 명의 군사를 일으켰어. 일곱 갈래로 군사를 나누어 서주로 진격했지. 원술의 군사는 가는 길마다 백성들의 식량과 재산을 약탈했어.

원술이 쳐들어온다는 소식을 들은 여포는 진궁을 불렀어.

"이 일을 어쩌면 좋으냐? 원술이 나를 죽일 기세야!"

"장군님, 원술의 제안을 반대한 것은 진규 아닙니까? 원술에게 진규가 이간질하는 바람에 이렇게 되었다고 전하십시오. 진규를 죽이고 그 시신을 원술에게 보내며 사과한다면 받아 줄 것입니다."

"그, 그러면 원술의 화를 누그러트릴 수 있을까?"

여포가 발을 동동 구를 때, 진규가 찾아와 말했어.

"저를 죽인다고 원술이 물러날 것 같습니까? 원술은 절대 군사를 물리지 않을 것입니다."

"그, 그럼 어떡하느냐!"

"싸워야지요!"

"우리가 20만 대군을 상대로 싸운다고?"

"원술의 군사는 오합지졸입니다. 그리고 군사 중에는 원술이 스스로 황제가 된 것을 못마땅하게 생각하는 사람들도 많을 것입니다. 그 사람들을 이용해서 배신하게 만들어야 합니다."

진규의 말을 들은 여포는 깊은 한숨을 내쉬었어.

"좋다, 이번 일은 진규가 맡도록 해라."

진규는 아들 진등을 불렀어. 그리고 원술의 부하인 한섬과 양봉을 몰래 찾아가라고 했지.

진등은 밤사이에 말을 몰아 원술의 진영으로 달려갔어.

한섬과 양봉은 지금은 비록 원술의 부하지만, 원래 한나라의 장수였어. 그들은 모두 한나라에 대한 충성심이 강했지.

"한 장군, 양 장군, 저도 한나라의 신하이지, 여포의 부하가 아닙니다. 장군들도 한나라의 신하이지, 원술의 부하가 아니지 않습니까?"

진등은 한섬과 양봉을 설득하기 시작했어.

"원술은 한나라를 무시하고 스스로 황제가 되었습니다. 왜 장군 같은 분들이 원술을 따르십니까? 원술은 역적이 아닙니까? 역적을 따르면 역적이 됩니다. 저 꼴을 이대로 두고만 볼 것입니까?"

진규는 한섬과 양봉에게 원술을 처단하는 것이 한나라를 위한 길이라

고 설득했어. 그 말에 한섬과 양봉은 고개를 끄덕였지.

이튿날 밤, 진규는 여포에게 기습 공격을 하라고 일렀어.
여포가 군사들을 이끌고 적진으로 달려가자, 한섬과 양봉이 기다렸다는 듯 막사 곳곳에 불을 질렀어.
"불이다! 불!"
"적군이 우리의 막사에 숨어 있는 게 틀림없어!"
원술의 군사들은 소리를 지르며 헐레벌떡 도망치기 시작했어. 이때 한섬과 양봉이 원술을 향해 칼을 뽑아 들었어. 원술은 깜짝 놀라 말을 타고 내빼기 시작했지.
"이랴, 이랴!"
말을 타고 달리다 지친 원술이 겨우 멈추어 섰을 때야.
"천하의 역적, 원술은 내 칼을 받아라!"
어둠 속에서 불쑥 나타난 장수 하나가 기다란 칼을 휘둘렀어. 그것은 청룡언월도였어.
"너, 넌 누구냐!"
"나는 유비의 동생 관우다!"
관우가 조조의 부탁을 받고 원술을 기다리고 있었던 거야. 원술은 관우를 보자마자 겁에 질려서 말도 버리고 허둥지둥 도망치기 시작했어.
그 순간 원술의 부하 장수 기령이 군사들을 끌고 밀어닥쳤어. 그 바람에 관우는 안타깝게도 원술을 놓치고 말았지.

"소, 손책에게 가서 군사를 빌려오라!"

원술은 강동에 있는 손책에게 군사를 요청했어. 그 말을 들은 손책은 이마를 찌푸리며 말했어.

"내 옥새를 빼앗아 간 주제에 누구에게 군사를 빌려달라는 것이냐? 내가 나서서 공격하지 않는 것만으로도 다행인 줄 알아라!"

손책의 대답을 전해 들은 원술은 이를 악물었어.

"당장 군사를 일으켜 강동으로 가겠다! 건방진 손책의 목부터 베고 말 것이야."

"저희에겐 남은 군사가 없습니다."

"뭐라고?"

"조조와 여포, 유비, 손책까지 황제 폐하를 잡으려고 두 눈에 불을 켜고 있습니다. 이대로라면 이곳 회남 땅도 위험합니다."

그 말은 사실이었어.

남쪽에서는 유비 군사, 동쪽에서는 여포 군사, 배를 타고 오는 손책 군사, 대군을 이끌고 오는 조조 군사까지 모두 역적 원술을 처단하기 위해 진격하고 있었어.

그렇게 모두 30만 연합군이 원술을 없애려고 회남 들판에 모였어. 함성을 한 번 지르면 원술은 다리가 덜덜 떨릴 정도였지. 결국 원술은 회남에서도 도망치고 말았어.

하지만 30만 연합군은 치명적인 약점이 있었어. 급하게 오느라 식량이 부족했던 거야. 그래서 원술을 더 쫓지 못하고 철수하기로 결정했어.

원술을 내쫓은 조조와 여포 그리고 유비 삼 형제는 한자리에 모여 잔치를 벌였어.

"원술을 몰아낸 것은 여러분 공입니다. 혼쭐이 났으니 원술은 당분간 군사를 일으키지 못할 것입니다."

조조는 그렇게 말하며 여포와 유비 삼 형제를 칭찬했어. 그러다가 갑자기 여포에게 소패성을 유비에게 돌려주라고 말하는 게 아니겠어?

"여 장군, 원래 그곳의 주인은 유 태수이지 않습니까?"

여포뿐만 아니라 유비 삼 형제도 놀랐어.

'조조가 왜 우리를 위해서 저런 말을 하는 걸까?'

유비는 의아했지.

"그, 그렇게 하지요."

기세등등한 조조의 말에 여포는 하는 수 없이 유비에게 소패성을 돌려주겠다고 약속했어.

잔치가 끝나자 조조는 돌아가는 길에 유비를 따로 만났어.

"유 태수, 그대를 소패성으로 보내는 이유를 알고 있습니까?"

"무슨 이유입니까?"

"호랑이를 잡기 위함입니다. 잊지 마십시오."

조조가 말한 호랑이는 바로 여포를 뜻하는 것이었어.

"흐음! 잘 알겠습니다."

유비는 고개를 끄덕였어.

조조는 여포를 없앨 계획을 세우고 있었던 거야. 유비 역시 계속해서 배신을 일삼는 여포를 더 이상 살려 두면 안 된다고 생각했어.

"굴을 파서 미친 호랑이를 때려잡을 것입니다. 진규와 진등 부자가 이미 일을 시작했지요."

진규와 진등은 여포의 부하였지.

"호랑이를 잡을 굴을 파고 있다고요?"

조조는 고개를 끄덕였어.

"그렇습니다. 우리가 같은 뜻을 품었으니 호랑이 사냥을 슬슬 시작해도 되겠군요! 하하하!"

조조는 유비를 향해 호탕하게 웃었어.

이미 조조는 천하 통일을 위해 한 명씩 차근차근 제거할 계획을 세우고 있었던 거야. 첫 번째가 여포였지.

과연 조조는 여포를 제거할 수 있을까? 천하 최고의 무예를 갖춘 여포는 조조와 어떻게 싸울까? 아직은 힘이 약한 유비와 관우, 장비는 힘을 키울 수 있을까? 천하통일을 두고 또다시 영웅들의 전쟁이 대륙에 휘몰아치고 있었어.

문해력 쏙쏙
역사 지식

3천만 명은 어디로 사라졌을까?

우리나라에 고구려, 백제, 신라의 삼국 시대가 있다면, 중국에는 위, 촉, 오의 삼국 시대가 있어요. 2권까지는 아직 등장하지 않은 나라예요. 미리 말해 두자면 한나라가 멸망하고 생긴 나라들이 위나라, 촉나라, 오나라랍니다.

이 책을 읽어서 알겠지만, 한나라 말기부터 많은 군사가 죽고, 죄 없는 백성들이 많이 희생되었어요. 삼국 시대에도 하루가 멀다 하고 전쟁이 이어졌지요.

삼국 시대가 얼마나 어지럽고 살기 힘든 세상이었는지 인구를 보면 알 수 있어요. 한나라가 힘을 잃기 전까지만 해도 한나라의 인구는 5천만 명에 가까웠다고 해요. 그런데 삼국 시대를 거치면서 수십 년 동안 인구가 줄어들어 삼국 시대가 막을 내린 직후 1600만 명으로 조사되었어요.

물론 3천만 명이 넘는 사람들이 다 죽은 것은 아니에요. 많은 백성들이 전쟁을 피해 고향을 떠나거나 먹을 걸 찾아 떠돌아다니고, 도적 떼로 들어가기도 해서 호적에 기록할 수 없었던 거예요.

백성들이 더 힘들었던 까닭

한나라 말기 어린 황제들 곁에는 자기 이익만 챙기는 무리들이 많았어요. 그런데 황실이나 황건적 말고도 백성들을 힘들게 한 지방 호족들이 있었어요. 한나라 중앙에서 권력을 가진 귀족이 아니라, 지방에 살면서 강한 힘을 가진 토착 세력이 지방 호족이에요.

원술과 원소의 원씨, 손견과 손책 등의 손씨, 조조의 책사인 순욱, 순유 등의 순씨 등 많은 인물이 호족 출신이랍니다.

중국 남쪽에서는 털이 좋은 짐승을 일컬어 '호'라고 불렀고, 친족 집단을 '족'이라고 불렀는데, 이 말이 합쳐져 호족이라고 부른 거예요.

황제는 호족의 세력을 잘 이용해 황제의 힘이 미치지 않는 곳까지 다스려야 했어요. 하지만 황실에는 자기 이익만 챙기는 무리들이 가득해 나라를 다스리는 데는 관심이 없었어요. 중앙의 정치가 혼란하고, 황제의 권력이 약해진 시기를 틈타 지방 호족들의 세력은 더욱 강해졌고, 자기 지역의 백성을 잘 다스리기보다 혼란한 때 권력을 얻으려고 욕심을 내는 호족이 많았어요. 지역을 다스리는 호족이 어떤 선택을 하느냐에 따라 백성들의 삶도 많이 달라질 수밖에 없었답니다.

문해력 꼭꼭
딴딴 속담

되면 더 되고 싶다

사람의 욕심이 끝이 없다는 뜻. 나라를 위해 황건적과 싸웠고, 승승장구해 세력이 커진 '강동의 호랑이' 손책도 옥새를 손에 넣게 되자 황제가 될 거라는 검은 욕심을 품게 되었다. 이렇게 더 큰 욕심을 품게 될 때 쓰는 말이다.

> **예문** 되면 더 되고 싶다더니, 반장이 되니까 전교 회장이 되고 싶어졌어.

독 안에 든 쥐

독은 항아리의 다른 말. 항아리에 갇힌 쥐처럼 궁지에서 벗어날 수 없는 처지, 꼼짝없이 잡히게 된 신세를 비유적으로 이르는 말이다. 화가 난 조조에게 겹겹이 포위당한 서주성의 처지와 비슷하다.

- 비슷한 사자성어: 사면초가(四面楚歌)

> **예문** (게임 중) 지유 넌 위쪽에서 기다리고 있고, 준수랑 제하는 왼쪽이랑 오른쪽을 맡아. 내가 아래쪽에서 몰아갈게. 그럼 쟤네는 독 안에 든 쥐야!

굴러온 돌이 박힌 돌 뺀다

외부에서 들어온 지 얼마 안 된 사람이 오래전부터 있던 사람을 내쫓거나 해치려 함을 비유적으로 이르는 말이다. 조조가 서주를 공격했는데, 서주를 돕겠다고 나타난 유비가 서주를 차지하게 된 상황에 어울리는 말이다.

> **예문** 굴러온 돌이 박힌 돌 뺀다더니, 그저께 전학 온 네가 어떻게 회장인 내 자리를 넘볼 수 있어?

꿩 먹고 알 먹기

꿩을 잡고, 둥지의 알도 갖게 되었다는 뜻. 조조가 식량이 부족해 여포와 싸울 수 없게 되었을 때, 책사 순욱은 황건적을 공격하면 식량을 빼앗고, 백성들에게도 인심을 얻을 수 있다고 말했다. 이렇게 한 가지 일을 해 두 가지 이상의 이익을 볼 때 쓰는 말이다.

• 비슷한 사자성어: 일석이조(一石二鳥)

> **예문** 오늘 청소를 하다가 동전을 주웠어. 이거야말로 꿩 먹고 알 먹기(일석이조)네.

레벨업 문해력

※ 다음 글을 읽고 질문에 답해 보세요.

조숭의 죽음

㉠비가 주룩주룩 내리는 추운 밤, 조조의 아버지인 조숭과 가족, 하인 등 일행은 낡은 절에서 하룻밤을 묵기로 했어. 절 밖에는 도겸이 조숭을 호위하라고 보낸 장개와 군사들이 보초를 서고 있었지.

'칫, 저들은 선물로 엄청난 금은보화를 받았는데 나는 추위에 덜덜 떨면서 이게 뭐람! 저 금은보화만 있다면 떵떵거리고 살 수 있을 텐데.'

불평불만이 많았던 장개는 나쁜 생각을 갖게 되었어. 조숭이 선물받은 금은보화를 가로챌 결심을 한 거야.

깊은 밤, 장개는 부하들을 끌고 조숭이 자는 방으로 쳐들어갔어.

"이게 무슨 짓이오?"

"컥!"

장개는 조숭을 비롯해 조조의 동생과 가족, 친인척과 하인마저 모조리 죽였어. 그리고 절에 불까지 지르고 재물을 빼앗아 달아났지.

아버지와 가족이 모두 죽었다는 사실은 곧 조조에게 전해졌어.

"도겸의 부하들 손에 살해되었다고 합니다."

㉡조조는 손발이 부들부들 떨리고 식은땀이 흘렀어. 머리가 터져 버릴 것처럼 아팠지.

"당장 서주를 쳐라! 서주 사람은 단 한 사람도 남기지 말고 모조리 죽여라!"

조조는 군사를 직접 이끌고 서주로 진격했어. 그 수가 무려 백만 명이야.

조조의 백만 대군은 길에서 만나는 모든 백성을 죽이면서 행군했어.

1. 이 글의 시간적 배경을 나타낸 말은 무엇일까요? ( )

　① 하룻밤
　② 보초
　③ 추운 밤
　④ 백만 대군

2. 장개가 어떤 인물인지 알맞게 설명한 것은 무엇일까요? ( )

　① 장개는 재물보다 사람의 목숨을 소중하게 여겼다.
　② 장개는 도겸의 명령을 충실하게 지킨 장수다.
　③ 장개는 나쁜 조숭을 혼내 주고 싶었다.
　④ 장개는 재물에 대한 욕심이 많다.

3. 이 글에서 일이 일어난 차례대로 번호를 쓰세요. (- - -)

　① 장개는 절에 불을 질렀다.
　② 조조는 백만 대군을 이끌고 서주로 진격했다.
　③ 도겸은 조숭을 호위하라고 장개를 보냈다.
　④ 장개는 조조의 가족을 모두 죽였다.

4. 이 글에 나오는 인물의 행동을 평가한 대화입니다. 밑줄 친 '그자'는 누구일까요? ① _____ ② _____

관우: 아버지가 억울하게 죽은 것은 마음이 아프지만, 그렇다고 ①그자가 죄 없는 백성을 마구 죽이는 것은 나쁜 행동이다.
장비: 도겸이 ②그자를 보낸 것은 큰 실수였소. 그자가 조숭을 죽일 줄은 상상도 못 했겠지요. 그자 때문에 도겸은 위험에 처했소.

5. ⓒ을 통해 알 수 있는 조조의 마음은 어떤 것일까요? ( )

① 조조는 장개를 찾아 고맙다고 인사하고 싶었다.
② 조조는 도겸의 부하들이 무서웠다.
③ 조조는 참을 수 없을 정도로 화가 났다.
④ 조조는 평소에 자주 머리가 아프다.

6. 이 글의 ㉠ 부분을 시로 표현할 때 빈칸에 들어갈 내용을 써 보세요.

차갑고 캄캄한 밤,
무엇을 위해 나는 비를 맞고 서 있을까?
나를 위해서인가? 가족을 위해서인가?
고민하는 나에게 검은 마음이 속삭인다
장개야, 장개야,
_____
_____
속삭이던 검은 마음이 나를 덮쳐 온다

정답 1.③ 2.④ 3.③-④-①-② 4.① 조조 ② 장개 5.③ 6. 누구는 굳은 보화를 받았는데, 나는 주위에 밀고 있구나. 굳은 보화를 빼앗아라, 훔쳐라, 달아나라.

⌘ 삼국지 배경 지도 ⌘

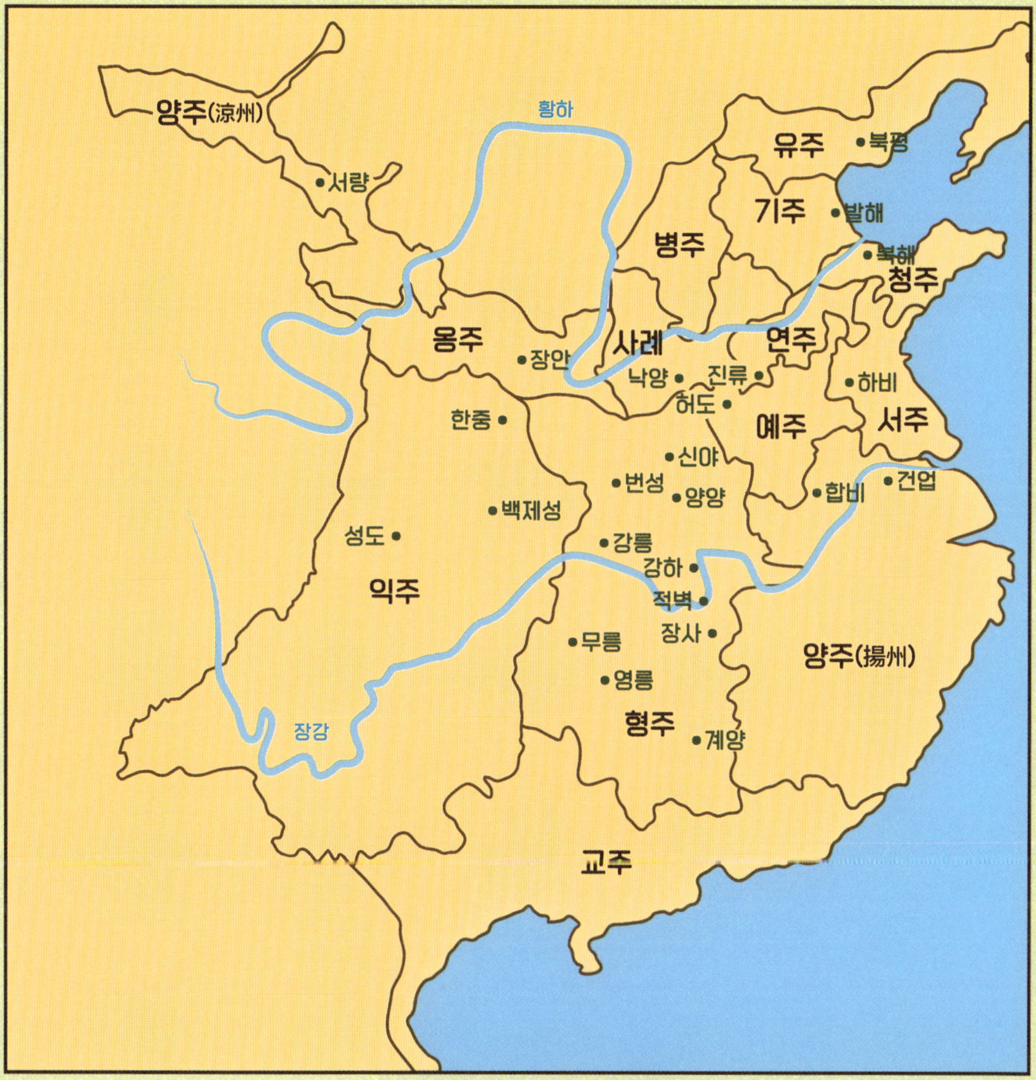

양주(涼州)
서량
황하
유주
북평
기주
발해
병주
북해
청주
사례
연주
옹주
장안
낙양
진류
허도
하비
한중
예주
서주
신야
번성
양양
합비
건업
백제성
성도
강릉
강하
익주
적벽
장사
무릉
양주(揚州)
영릉
형주
계양
장강
교주

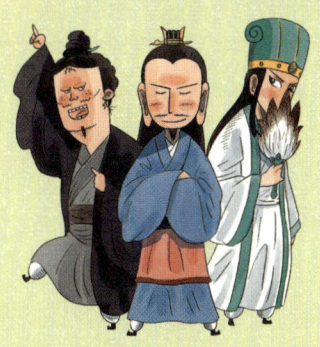